HENRI J.M. NOUWEN

Leben hier und jetzt

HENRI J.M. NOUWEN

Leben hier und jetzt

JAHRESLESEBUCH

Aus dem Amerikanischen übersetzt
von Franz Johna

HERDER
FREIBURG · BASEL · WIEN

Titel der Originalausgabe:
Bread for the journey
Thoughts for every day of the year

HarperSanFrancisco
A Division of HarperCollinsPublishers

4. Auflage als Neuausgabe 2000

Umschlaggestaltung: Finken & Bumiller, Stuttgart
Umschlagmotiv: Vincent van Gogh, Blumengarten bei Arles, 1888

Druck und Bindung: Clausen & Bosse, Leck
Gedruckt auf umweltfreundlichem,
chlor- und säurefrei gebleichtem Papier
ISBN 3-451-27366-7

INHALT

EINFÜHRUNG
Eine kurze Entstehungsgeschichte dieses Buches 7

JANUAR
Leben hier und jetzt 11

FEBRUAR
Einsam und Gemeinsam 43

MÄRZ
Treue Gottes und Treue des Menschen 73

APRIL
In die Welt gesandt 105

MAI
Die Liebe aber bleibt 137

JUNI
In der Welt, nicht von der Welt 169

JULI
Auf dem Weg 201

AUGUST
Das Leben wählen 233

SEPTEMBER
Zur Freiheit berufen 265

OKTOBER
Die Kraft seiner Gegenwart 297

NOVEMBER
Leben und weiterleben 329

DEZEMBER
Gottes zeitlose Zeit 361

EINFÜHRUNG

Eine kurze Entstehungsgeschichte dieses Buches

Das Schreiben dieses Jahreslesebuches wurde für mich zu einem wahren geistlichen Abenteuer. Es erschien mir, wie eine Reise anzutreten, ohne genau zu wissen, wie lange sie dauern, wie weit sie mich führen wird und wo ich schließlich ankommen werde. Als Freunde im Verlag HarperSanFrancisco mich fragten, ob sie ein solches Buch mit 365 Texten aus meinen verschiedenen veröffentlichten Büchern zusammenstellen dürften, gab ich darauf zur Antwort, ohne zu bedenken, was ich mir damit auflud: »Ich möchte nicht, dass ihr für ein solches Buch alte Texte verwendet. Ich will neue schreiben.« Sie lachten und erwiderten: »Das dürfte wohl etwas zu ehrgeizig sein. Wäre es nicht besser, du beschränkst dich auf eine Reihe von Meditationen, die wir dann mit einer passenden Auswahl aus deinen früheren Büchern ergänzen können?« Aber ich blieb hartnäckig: »Auf keinen Fall, alle Texte sollen neu sein!«

Im September 1995 verfasste ich meinen ersten Text. Ich hatte mir ein handliches Notizbuch gekauft mit der Farbreproduktion eines Gemäldes aus dem Metropolitan Museum in New York auf dem Einband. Es hatte 80 leere Blätter aus chlorfreiem, umweltfreundlichem Papier, 160 makellose Seiten. Ich nahm mir vor, für jede rechte Buchseite eine kurze Meditation zu schreiben, die inhaltlich geschlossen ist und nicht über eine Seite hinausläuft. Die linken Seiten reservierte ich für eventuelle spätere Ergänzungen und Korrekturen.

Zunächst schien alles leicht zu gehen und machte mir ausgesprochen Spaß. Ich schrieb über das Beten, über Alleinsein, Stille, Freude, Vergeben, Gemeinschaft und andere mir naheliegende Themen. Ich schrieb nieder, was mir spontan einfiel, ohne mir näher Gedanken über die Reihenfolge und Gliederung der Texte zu machen oder eine Art Gesamtplan vor mir zu haben. Mein kleines Buch, das ich immer bei mir trug, wurde mir wie ein Begleiter, mit dem ich vertraute Gespräche führte. Schließlich versuchte ich, drei solcher Konversationen pro Tag zu schaffen. Gegen Ende September beschrieb ich, ein wenig stolz auf mich selbst, die letzten Seiten des Buches. Aber bald ging mir auf, dass ich ja fast fünf solcher Notizbücher füllen müsste, um genügend Texte für das ganze Jahr zu haben. 365 Tage erschienen mir plötzlich als eine schrecklich lange Reise. Gewiss hatte ich noch eine Reihe weiterer Gedanken, doch 285 zusätzliche Texte waren eine Herausforderung. Würde ich noch so viele Ideen haben?

Ich versuchte, mein Bangen dadurch zu überwinden, dass ich mir mehrere Exemplare solcher Notizbücher kaufte und dabei hoffte, sie würden mir das Schreiben erleichtern. Dann setzte ich mich jeden Morgen an den Tisch – ob ich Ideen hatte oder nicht –, nahm meinen Kugelschreiber und begann zu schreiben, bis er ein Wort nach dem anderen meinem Herzen und Verstand entlockte. Ich hatte nicht die Absicht, über Jesus zu schreiben, weil ich meinte, dass dieses Buch nicht die Leser überrumpeln sollte, für die der Name Jesus Christus ein »Stein des Anstoßes« ist. Ich wollte jeden ansprechen. Aber mein Kugelschreiber wollte es anders. Nachdem ich ein ganzes Notizbuch mit Texten über allgemeine Themen gefüllt hatte, fand ich mich bald wieder bei Jesus Christus ein, der Mitte meines Glaubens.

Daraufhin fragte ich mich zu meiner eigenen Überraschung: Wie können wir mit Jesus verbunden sein? Und schon schrieb ich über die Themen *Wort* und *Sakramente*. Doch wo werden sie vollzogen? In der Kirche. Noch nie hatte ich ein Buch über die Kirche geschrieben! Über dieses Gebiet zu sprechen erschien mir gefährlich. Doch in diesem Fall ließ ich meine Zurückhaltung beiseite. Es stellte sich die Frage: Wohin soll uns die Kirche führen? Was ist über Tod, Auferstehung, die Gemeinschaft der Heiligen, über Himmel, Hölle, das Wiederkommen Christi am Jüngsten Tag und am Ende der Zeiten zu sagen? Ich schauderte vor dem Gedanken, über all diese Themen zu schreiben, aber mein Kugelschreiber sagte: »Fürchte dich nicht! Deine Notizbücher freuen sich zu hören, was du über all das denkst.« Und so schrieb ich immer leichter Seite um Seite. Als der Dezember gekommen war, hatte ich 387 Meditationen verfasst, eine ganze Reihe mehr, als das Jahr Tage hat. Beim nochmaligen Lesen der Texte wurde mir deutlich, dass ich die Form des Jahreslesebuches »benutzt« hatte, um meinen Glauben darzulegen und um mein eigenes Glaubensbekenntnis auszusprechen.

Nach dieser ersten Niederschrift meiner Gedanken war noch viel sorgfältige Arbeit notwendig, bei der ich mich auf drei Helferinnen stützen konnte. Kathy Christie, meine Sekretärin, verbrachte viele Tage mit der Erfassung dieser Texte am Computer und viele weitere Tage mit der Einarbeitung von Zusätzen und Änderungen. Susan Brown lektorierte umsichtig das Manuskript, tilgte

Wiederholungen, nebensächliche Gedanken, sonderte weniger gelungene Texte aus und brachte eine Ordnung in das spontan Niedergeschriebene. Ginny Hall schließlich half mir, die Titel für jeden Text zu finden, und arbeitete das Inhaltsverzeichnis aus. Ohne diese drei wäre das Jahreslesebuch nicht abgeschlossen worden. Ich bin ihnen für ihre großzügige Hilfe sehr dankbar.

Die Ausarbeitung dieses Jahreslesebuches war tatsächlich ein Abenteuer. Es war ein Abenteuer des Alleinseins. Ich brauchte dazu nicht nur viel freie Zeit, sondern auch einen ruhigen, friedlichen Ort. Hans und Margaret Kruitwagen, Robert Jonas und Margaret Bullit-Jonas, Sarah Doering und Peggy McDonnel stellten mir ihre Häuser zur Verfügung, wo ich diesen Raum fand. Ihre Freundschaft, Großzügigkeit und Bereitschaft, mich die meiste Zeit allein zu lassen, empfinde ich als Geschenk.

Ich hoffe, dass alle, die dieses Buch lesen, viele Verbindungen zwischen ihrer und meiner Reise entdecken und darin einer Ermutigung sehen, ihr Leben mit Vertrauen, Hoffnung und vor allem mit einer immer tieferen Liebe zu leben.

Henri Nouwen

JANUAR

Leben hier und jetzt

EINE ÜBERRASCHUNG ERWARTEN

Jeder Tag hält eine Überraschung bereit. Aber nur indem wir sie erwarten, werden wir sie sehen, hören oder spüren, wenn sie auf uns zukommt. Fürchten wir uns nicht, die Überraschung eines jeden Tages anzunehmen, ob sie uns als Freude oder als Schmerz begegnet. Immer wird sie einen neuen Raum in unserem Herzen erschließen, einen Raum, in dem wir neue Freunde begrüßen und unser gemeinsames Menschsein vollkommener feiern können.

1. JANUAR

Leben hier und jetzt

UNSERE GEISTLICHEN ELTERN

Freude und Leid sind nie voneinander getrennt. Wenn ein großartiger Ausblick vom Gipfel eines Berges oder der Anblick des Firmaments in einer sternenklaren Nacht unser Herz vor Ergriffenheit und Freude höher schlagen lässt, werden wir vielleicht einen Freund vermissen, mit dem wir das Erlebnis teilen möchten. Und überwältigen uns Trauer und Schmerz, werden wir vielleicht entdecken, was wahre Freundschaft bedeutet.

Freude verbirgt sich in Leid und Leid in Freude. Denn wenn wir dem Leid um jeden Preis auszuweichen versuchen, werden wir wohl niemals der Freude begegnen. Und können wir uns nicht begeistern, werden wir auch tiefer Pein nicht standhalten.

Freude und Leid sind die gemeinsamen Eltern unseres geistlichen Reifens.

VERLETZLICH WIE EIN VOGEL

Das Leben ist kostbar. Nicht, weil es unverwechselbar ist wie ein Diamant, sondern weil es verwundbar ist wie ein kleiner Vogel. Das Leben lieben heißt, seine Verwundbarkeit und Zerbrechlichkeit zu lieben, heißt, für das Leben Sorge zu tragen, es zu achten, ihm die Bahn zu ebnen und es zu fördern. Leben und Tod sind durch die Verwundbarkeit verbunden. Das neugeborene Kind wie der sterbende alte Mensch, beide machen uns die Kostbarkeit unseres Lebens deutlich.

Vergessen wir nicht, wie kostbar und verwundbar unser Leben ist, auch und gerade dann, wenn wir stark, erfolgreich und angesehen sind.

3. JANUAR

Leben hier und jetzt

FRÜCHTE, DIE IN DER VERWUNDBARKEIT REIFEN

Zwischen Erfolgreich-Sein und Fruchtbar-Sein besteht ein großer Unterschied. Erfolg kommt von Stärke, von Machtausübung und Ansehen. Ein erfolgreicher Mensch besitzt die Energie, etwas zu schaffen, seine Entwicklung zu beeinflussen und es in großen Mengen verfügbar zu machen. Erfolg bringt Preise, Auszeichnungen und oft Berühmtheit ein.

Früchte hingegen erwachsen der Schwachheit und Verwundbarkeit. Es sind einzigartige Früchte. Ein Kind ist die in Verwundbarkeit empfangene Frucht, Gemeinschaft ist die aus geteilter, gemeinsamer Gebrochenheit erwachsene Frucht, und Nähe ist die Frucht, die im gegenseitigen Berühren der eigenen Wunden reift.

Erinnern wir einander daran, dass nicht Erfolgreich-Sein, sondern Fruchtbar-Sein uns wahre Freude schenkt.

4. JANUAR

Leben hier und jetzt

Sich in Geduld üben ist schwer. Geduld bedeutet nicht bloß warten, bis etwas eintritt, worauf wir keinen Einfluss haben: die pünktliche Ankunft eines Zuges, das Ende einer Regenperiode, die Rückkehr eines Freundes, die Lösung eines Konflikts. Geduld ist kein passives Abwarten, bis irgend jemand irgend etwas tut. Geduld verlangt von uns, den jetzigen Augenblick voll und ganz zu leben, sich auf diesen Augenblick uneingeschränkt einzulassen, das Hier und Jetzt auszuschöpfen, dort zu sein, wo wir eben sind.

Wenn wir ungeduldig sind, versuchen wir, von dort, wo wir gerade sind, zu fliehen. Wir verhalten uns so, als würde das, was wichtig ist, erst morgen, nächste Woche oder irgendwann einmal geschehen.

Üben wir uns in Geduld, und vertrauen wir darauf, dass der Schatz, nach dem wir suchen, in dem Boden vergraben ist, auf dem wir stehen.

5. JANUAR

Leben hier und jetzt

GEISTLICHE ENTSCHEIDUNGEN

Ständig müssen wir eine Wahl, eine Entscheidung treffen: Zwei Menschen zum Beispiel erlitten ein und denselben Unfall, bei dem sie ernstlich verletzt wurden. Sie waren an dem Unfall schuldlos und wurden von ihm schicksalhaft getroffen. Der eine der beiden Betroffenen nahm dieses Unglück aber zum Anlass für ein Leben in tiefer Verbitterung, der andere für ein Leben in Dankbarkeit. Diese Grundentscheidung beeinflusste ihr ganzes weiteres Leben und das Leben ihrer Familien und Freunde.

Wir besitzen kaum eine Möglichkeit, darüber zu bestimmen, was in unserem Leben passiert, doch hängt sehr viel von uns ab, wie wir das, was uns widerfährt, einordnen und in Erinnerung behalten.

Gerade auf dieses Wählenkönnen, das Treffen geistlicher Entscheidungen kommt es an. Von ihnen hängt es ab, ob wir unser Leben in Würde leben.

6. JANUAR

Leben hier und jetzt

DAS GESCHENK DER FREUNDSCHAFT

Freundschaft ist eines der größten Geschenke, die ein Mensch empfangen kann. Freundschaft stiftet eine Bindung, die mehr umfasst, als gemeinsame Ziele, gemeinsame Interessen oder eine gemeinsame Vergangenheit zu haben; sie stiftet eine Bindung, die stärker ist, als geschlechtliche Vereinigung zu bewirken vermag, tiefer, als ein geteiltes Schicksal reichen kann, und sogar enger als die Bindungen einer Ehe oder Gemeinschaft.

Freundschaft heißt beim anderen sein in Freude und Leid, selbst wenn wir die Freude nicht vergrößern und das Leid nicht verringern können. Freundschaft ist eine Einheit der Seele, die den Adel und die Lauterkeit verleiht zu lieben. Freundschaft gibt dem ganzen Leben Glanz. Selig sind alle, die ihr Leben hingeben für ihre Freunde!

7. JANUAR

Leben hier und jetzt

HELL GENUG FÜR DEN NÄCHSTEN SCHRITT

Oft möchten wir in die Zukunft sehen können, wenn wir uns fragen: »Was wird uns das nächste Jahr bringen? Wo werde ich in fünf oder zehn Jahren sein?« Auf solche Fragen gibt es keine Antwort. Meistens ist es gerade hell genug, um den nächsten Schritt zu tun, das, was in der nächsten Stunde, am nächsten Tag getan werden muss.

Die Kunst des Lebens zeigt sich darin, dankbar zu sein und sich darüber zu freuen, was wir sehen können, und nicht darüber zu klagen, was im Dunkeln und Ungewissen liegt. Wenn es uns gelingt, den nächsten Schritt zu tun und darauf zu vertrauen, dass es auch hell genug für den folgenden Schritt sein wird, werden wir auf dem Weg durch das Leben mit Freude voranschreiten und überrascht sein, wie weit wir kommen.

Freuen wir uns über das kleine Licht, das wir in den Händen halten, und verlangen wir nicht nach der großen Helligkeit, die alle Schatten verdrängt.

8. JANUAR

Leben hier und jetzt

ÜBER UNSERE WUNDEN HINWEGGEHEN

Manchmal müssen wir über unseren Ärger, unsere Eifersucht oder unsere Gefühle des Abgewiesenseins »hinweggehen«. Wir unterliegen leicht der Versuchung, bei unseren negativen Empfindungen zu verharren, in ihnen zu schwelgen, als gehörten wir zu ihnen, und spielen dabei die »Beleidigten«, »Übergangenen« oder »Beiseitegeschobenen«.

Ja, wir können uns an diese negativen Identitäten klammern und sogar eine krankhafte Lust an ihnen empfinden. Es ist auch gut, diese dunklen Gefühle zu beobachten und danach zu forschen, woher sie rühren. Dann aber sollten wir an den Punkt kommen, über sie hinwegzugehen, sie hinter uns zu lassen und unsere Reise fortzusetzen.

9. JANUAR

Leben hier und jetzt

WACHSEN OHNE SELBSTABLEHNUNG

Eine der größten Gefahren im geistlichen Leben ist die Selbstablehnung. Wenn wir von uns sagen: »Die Leute kennen mich bloß nicht richtig, sonst würden sie anders von mir denken«, haben wir bereits den Weg in die Dunkelheit gewählt. Oft halten wir Selbstablehnung für eine Tugend und sehen sie als Demut an. Doch Demut ist in Wirklichkeit genau das Gegenteil von Selbstablehnung. Demut bedeutet, dankbar zu erkennen, dass wir in Gottes Augen wertvoll sind und dass alles, was wir sind, ein reines Geschenk ist.

Um jede Selbstablehnung zu überwinden und in der Selbstwertschätzung zu wachsen, müssen wir den Mut haben, auf die Stimme zu hören, die uns sagt, dass wir Gottes geliebte Söhne und Töchter sind und dazu bestimmt, unser Leben so zu führen, dass es dieser Wahrheit stets entspricht.

10. JANUAR

Leben hier und jetzt

DEM FÄNGER VERTRAUEN

Vertrauen ist die Grundlage des Lebens. Ohne Vertrauen kann kein Mensch existieren. Trapezartisten bieten dafür ein eindrucksvolles Beispiel. Man könnte eine Trapezgruppe auch als eine wirkliche »Körperschaft« absoluten gegenseitigen Vertrauens bezeichnen. Sie besteht aus Fliegern und Fängern. Die Flieger müssen sich auf die Fänger bedingungslos verlassen. Sie können die waghalsigsten zweifachen, dreifachen oder gar vierfachen Saltos frei in der Luft schlagen, doch wer den Atem der Zuschauer bei einem Hochtrapezakt zum Stocken bringt, das sind die Fänger, die die Flieger im richtigen Moment und zentimetergenau fassen und auffangen müssen.

Vieles in unserem Leben gleicht einem Fliegen im freien Raum. Es ist wunderbar, frei wie ein Vogel in der Luft zu schweben. Wenn aber *Einer* nicht da ist, um uns im richtigen Augenblick aufzufangen, wird aus unserem Fliegen ein tiefes Fallen. Vertrauen wir dem großen Fänger.

SICH BEMÜHEN, DANKBAR ZU SEIN

Es ist leicht, für das Gute, das wir in unserem Leben erhalten, dankbar zu sein. Aber für alles – für Gutes wie Schlechtes, für die Augenblicke der Freude wie für die Zeiten des Leids, für Erfolge wie für Fehlschläge, für Lob wie für Tadel – dankbar zu sein, verlangt ein intensives geistliches Bemühen.

Dennoch werden wir nur dann wahrhaft dankbare Menschen sein, wenn wir für alles danken können, was uns den gegenwärtigen Augenblick erleben ließ. Solange wir in unserem Leben zwischen solchen Ereignissen und Menschen unterscheiden, an die wir uns mit Freude erinnern, und solchen, an die wir nicht gern erinnert werden möchten, können wir den Reichtum unseres Daseins als ein Geschenk Gottes, für das wir dankbar sein dürfen, uns nicht zunutze machen.

Fürchten wir uns nicht, auf alles zu sehen, was uns bis zu dem Punkt unseres Lebens führte, an dem wir heute stehen, und vertrauen wir darauf, dass in allem die lenkende Hand eines liebenden Gottes mitgewirkt hat.

DIE ZÄRTLICHE, KAUM VERNEHMBARE STIMME DER LIEBE

Viele Stimmen versuchen, unsere Aufmerksamkeit auf sich zu lenken. Eine Stimme sagt: »Zeig, dass du ein guter Mensch bist«, eine andere: »Du solltest dich eher schämen!« Wieder eine andere Stimme erklärt: »Niemand kümmert sich wirklich um mich!« Und noch einmal eine andere Stimme hämmert uns ein: »Du musst erfolgreich sein, bekannt werden und Einfluss haben!«

Doch in all diese meist sehr lauten Stimmen mischt sich eine zärtliche, kaum vernehmbare Stimme, die uns sagt: »Du bist ein geliebter Mensch, an dem ich Wohlgefallen habe.« Auf diese Stimme müssen wir vor allem hören. Um diese Stimme zu vernehmen, bedarf es jedoch einer besonderen Anstrengung: Es bedarf der Stille, des Schweigens, des Alleinseins und eines starken Willens zu horchen.

Das alles bedeutet Beten. Es ist das Horchen auf eine Stimme, die zu uns sagt: »Du bist ein geliebter Mensch!«

13. JANUAR

Leben hier und jetzt

VOM UNAUFHÖRLICHEN DENKEN ZUM UNAUFHÖRLICHEN GEBET

*U*nser Verstand ist ständig in Aktion. Wir analysieren und reflektieren, bilden uns Vorstellungen oder träumen. Es gibt keinen Augenblick während des Tages oder der Nacht, in dem wir nicht denken. Ja man kann sagen, unser Denken ist »unaufhörlich«. Manchmal wünschten wir, unser Denken ließe sich eine Weile abstellen. Viel Kummer, viele Sorgen, Schuldgefühle oder Ängste blieben uns dadurch erspart. Unsere Fähigkeit zu denken ist unsere größte Gabe, zugleich aber der Ursprung unserer größten Qual.

Müssen wir zu Opfern unserer unaufhörlichen Gedankenproduktion werden? Nein! Wir können unser unaufhörliches Denken in ein unaufhörliches Beten umkehren, indem wir unseren inneren Monolog zu einem andauernden Dialog mit unserem Gott, der der Ursprung aller Liebe ist, werden lassen.

Brechen wir aus unserer Isolation aus, und machen wir uns bewusst, dass *Einer,* der in der Mitte unseres Seins wohnt, alles, was unseren Verstand beschäftigt und in Beschlag nimmt, mit Liebe hören möchte.

INNERE BRÜCKEN BAUEN

Beten ist die Brücke zwischen unserem bewussten und unbewussten Leben. Oft liegt ein tiefer Graben zwischen unseren Gedanken, Worten und Taten und den vielen Bildern, die in unseren Tag- und Nachtträumen aufleben.

Beten bedeutet, diesen Graben zu überbrücken, diese zwei Seiten unseres Lebens miteinander zu verbinden, indem wir uns an den Ort begeben, an dem Gott wohnt. Beten ist »Seelenarbeit«, denn unsere Seele ist jener heilige Mittelpunkt, an dem alles eins und uns Gott ganz nahe ist.

Deshalb müssen wir ohne Unterlass beten, damit wir mit uns eins und heilig werden.

15. JANUAR

Leben hier und jetzt

MIT HOFFNUNG LEBEN

Optimistisch sein und Hoffnung haben sind zwei völlig verschiedene Haltungen. Optimismus ist die Erwartung, dass alles – das Wetter, menschliche Beziehungen, die wirtschaftliche Lage, die politischen Verhältnisse und so fort – sich bessern wird. Hoffnung dagegen ist das Vertrauen, dass Gott seine Verheißungen an uns erfüllen wird in einer Weise, die uns zu wahrer Freiheit führt. Der Optimist spricht über konkrete Veränderungen in der Zukunft. Der hoffende Mensch lebt im Augenblick und in dem Bewusstsein, dass unser ganzes Leben in Gottes Händen liegt.

Alle großen geistlichen Führer der Geschichte waren Menschen voller Hoffnung. Abraham, Mose, Rut, Maria, Jesus, Gandhi, Dorothy Day: Alle lebten mit einer Verheißung in ihrem Herzen, die sie in die Zukunft führte, ohne genau wissen zu müssen, wie sie aussehen wird.

16. JANUAR

Leben hier und jetzt

SEI, DER DU BIST

Wünschen wir uns nicht manchmal, wir könnten woanders sein als da, wo wir sind, oder ein anderer sein als der, der wir sind? Wir neigen dazu, uns selbst immer wieder mit anderen zu vergleichen, und fragen uns, warum wir nicht so reich, so intelligent, so bescheiden, so großzügig oder auch so fromm und gläubig wie der eine oder die andere sind. Solche Vergleiche wecken ein Gefühl von Schuld, Scham oder Neid.

Es ist sehr wichtig zu erkennen, dass das, wozu wir berufen sind, dort verborgen ist, wo wir sind, und in dem, der wir sind. Wir sind einzigartige, nicht austauschbare menschliche Wesen. Jede(r) einzelne hat eine Berufung, etwas im Leben zu verwirklichen, was kein(e) andere(r) sonst vermag, und es in der konkreten Situation des Hier und Heute zu vollbringen.

Durch Vergleichen, ob wir besser oder schlechter als andere sind, werden wir nie zu unserer Berufung finden. Wir sind gut genug, das zu tun, was uns zu tun aufgetragen ist. Sei, der du bist!

17. JANUAR

Leben hier und jetzt

ZUM ALLEINSEIN FINDEN

Jeder Mensch ist allein. Kein anderer wird genauso fühlen, denken und handeln wie wir. Jeder von uns ist einzigartig, und die Kehrseite unserer Einzigartigkeit ist unser Alleinsein. Doch stellt sich die Frage, ob wir unser Alleinsein zu einem Alleingelassensein, zum Vereinsamtsein werden lassen oder ob wir dem Alleinsein erlauben, uns in die Einsamkeit zu führen.

Alleingelassensein, Vereinsamtsein ist bedrückend und schmerzlich, Einsamkeit ist friedlich und fruchtbar. Fühlen wir uns vereinsamt, drängt es uns zu anderen, an die wir uns verzweifelt klammern. Alleinsein erlaubt uns, andere in ihrer Einzigartigkeit zu respektieren und Gemeinschaft zu bilden.

Dass unser Alleinsein zur Erfahrung der Einsamkeit gelangt und nicht in Alleingelassensein und Vereinsamung endet, verlangt ein ständiges, lebenslanges Bemühen. Es erfordert, dass wir eine bewusste Wahl treffen: mit wem wir zusammen sind, womit wir uns beschäftigen, wie wir beten und an wessen Rat wir uns halten. Kluge Entscheidungen werden uns aber helfen, zu dem Alleinsein zu finden, in dem unser Herz in Liebe reifen kann.

18. JANUAR

Leben hier und jetzt

PLATZ SCHAFFEN ZUM TANZEN

Wenn wir uns alleingelassen und vereinsamt fühlen, suchen wir Menschen, die uns unser Alleingelassensein, unsere Vereinsamung nehmen können. Unser vereinsamtes Herz schreit: »Bitte, komm, halt mich! Sieh mich an, sprich mit mir, schenk mir Zuneigung!«

Aber bald stellen wir fest, dass jener Mensch, von dem wir erwarteten, er könnte uns unser Vereinsamtsein nehmen, uns nicht zu geben vermag, worum wir baten. Oft fühlt er sich von unserem Verlangen bedrängt und wendet sich ab, während unsere Verzweiflung wächst.

Solange wir aus Angst vor dem Alleingelassen- und Vereinsamtsein die Nähe eines anderen Menschen suchen, kann keine reife menschliche Beziehung entstehen. Sich aus Vereinsamung an einen anderen zu klammern wirkt lähmend, ja destruktiv. Damit Liebe wachsen kann, müssen wir den Mut haben, dem anderen Raum zu geben; müssen wir darauf vertrauen, dass dieser Raum die Voraussetzung schaffen wird, miteinander zu tanzen.

19. JANUAR

Leben hier und jetzt

Wenn wir aus einem Gefühl von Alleingelassen- und Vereinsamtsein handeln, erhält unser Tun unversehens etwas Gewaltsames. Es ist tragisch, dass viel Gewalt dem Verlangen nach Liebe entspringt. Sobald Vereinsamtsein die treibende Kraft unserer Suche nach Liebe ist, werden Küsse bald zu Bissen, Zärtlichkeiten zu Schlägen, liebevolle Blicke zu argwöhnischem Belauern, Hören zum Überhören und geschlechtliche Begegnung zur Vergewaltigung.

Das menschliche Herz sehnt sich nach Liebe: einer Liebe ohne Bedingungen und Vorbehalte. Aber kein Mensch vermag solch eine Liebe zu geben, und so oft wir danach verlangen, betreten wir die Straße der Gewalt.

Wie aber können wir frei von Gewalt leben? Wir müssen damit beginnen einzusehen, dass unser ruheloses Herz, das sich nach vollkommener Liebe sehnt, diese Liebe nur in der Gemeinschaft mit dem finden kann, der sie erschaffen hat.

20. JANUAR

Leben hier und jetzt

DIE STIMME IM GARTEN DES ALLEINSEINS

Alleinsein ist der Garten für unser Herz, das nach Liebe verlangt, der Ort, an dem unsere Einsamkeit Frucht bringen kann. Es ist das Zuhause für unseren rastlosen Leib und unseren sich sorgenden Verstand. Alleinsein, ob in einem konkreten Raum oder nicht, ist ein wesentlicher Bestandteil unseres geistlichen Lebens. Es ist kein einfacher Aufenthaltsort, seit wir so unsicher und ängstlich geworden sind, dass wir von allem, was sofortige Befriedigung verspricht, angezogen und beherrscht werden.

Alleinsein verschafft keine augenblickliche Befriedigung, weil wir im Alleinsein unseren Dämonen begegnen, unseren Abhängigkeiten, unseren Gefühlen von Angst und Lust, unserem großen Bedürfnis nach Anerkennung und Bestätigung. Wenn wir aber dem Alleinsein nicht entfliehen, werden wir in ihm auch den finden, der zu uns sagt: »Fürchte dich nicht! Ich bin bei dir und werde dich durch das Tal der Dunkelheit führen.«

Kehren wir zu unserem Alleinsein zurück!

21. JANUAR

Leben hier und jetzt

GEMEINSCHAFT, DIE DURCH ALLEINSEIN GETRAGEN WIRD

*U*nser eigenes Alleinsein grüßt das Alleinsein der anderen: Darauf läuft Gemeinschaft im Grunde hinaus. Eine Gemeinschaft ist nicht der Ort, an dem wir nicht mehr allein sein müssen. Sie ist vielmehr der Ort, an dem wir das Alleinsein anderer respektieren, bewahren und ihm ehrfurchtsvoll begegnen. Wenn wir unserer Einsamkeit erlauben, uns in das Alleinsein zu führen, wird unser Alleinsein es uns ermöglichen, im Alleinsein der anderen glücklich zu sein.

Der Wurzelgrund unseres Alleinseins liegt in unserem eigenen Herzen. Statt uns nach Gesellschaft suchen zu lassen, die uns sofort Befriedigung bringt, erhebt das Alleinsein Anspruch auf unsere Mitte, auf unser Innerstes und ermächtigt uns, anderen nahezulegen, ihre Mitte, ihr Innerstes in Anspruch zu nehmen. Unsere verschiedenen Weisen von Alleinsein sind wie starke Stützpfeiler, auf denen das Dach unseres Hauses der Gemeinschaft ruht. Dieses Alleinsein macht eine Gemeinschaft immer stark.

22. JANUAR

Leben hier und jetzt

GEMEINSCHAFT – EINE QUALITÄT DES HERZENS

Das Wort »Gemeinschaft« kann verschieden verstanden werden: positiv wie negativ. Gemeinschaft lässt uns an ein sicheres Zusammensein denken, an gemeinsame Mahlzeiten, gleiche Ziele, frohe Feste. Doch kann es auch Vorstellungen wecken von sektiererischer Exklusivität, von Gruppensprache, sich selbst genügender Absonderung und romantischer Naivität.

Gemeinschaft ist jedoch zuerst eine Qualität des menschlichen Herzens. Sie erwächst aus der geistlichen Erkenntnis, dass wir nicht für uns selbst leben, sondern füreinander. Gemeinschaft ist die Frucht unserer Fähigkeit, die Interessen der anderen wichtiger zu nehmen als das eigene Wohl (vgl. Philipperbrief 2,4). Deshalb geht es nicht um die Frage: »Wie können wir Gemeinschaft schaffen?«, sondern darum: »Wie können wir Selbstlosigkeit und Herzlichkeit entwickeln und pflegen?«

23. JANUAR

Leben hier und jetzt

VERGEBEN – DAS HERZ DER GEMEINSCHAFT

Gemeinschaft ist ohne den Willen, einander »siebenundsiebzigmal« zu vergeben (vgl. Matthäusevangelium 18,22), unmöglich. Vergeben gewährleistet den Zusammenhalt einer Gemeinschaft. Vergeben verbindet in guten und schlechten Zeiten und ermöglicht, in gegenseitiger Liebe zu wachsen.

Doch was gibt es zu vergeben, und wofür müssen wir um Vergebung bitten? Als Menschen mit einem Herzen, das sich nach vollkommener Liebe sehnt, müssen wir einander dafür vergeben, diese vollkommene Liebe in unserem täglichen Leben einander nicht geben und voneinander auch nicht erhalten zu können. Unsere vielen zwingenden Verpflichtungen stehen in ständigem Widerstreit mit unserem Bemühen, für die anderen uneingeschränkt dazusein. Unsere Liebe ist durch ausgesprochene oder unausgesprochene Vorbehalte stets begrenzt. Was muss vergeben werden? Wir müssen einander dafür vergeben, nicht wie Gott zu lieben.

24. JANUAR

Leben hier und jetzt

VERGEBUNG ANNEHMEN

Vergebung hat immer zwei Seiten: das Gewähren und das Annehmen. Obwohl das Gewähren von Vergebung auf den ersten Blick vielleicht das Schwierigere ist, erscheint es doch oft so, als wären wir deshalb nicht fähig, anderen Vergebung anzubieten, weil wir es nicht uneingeschränkt fertigbringen, sie anzunehmen. Nur als Menschen, die Vergebung angenommen haben, können wir den inneren Frieden finden, auch Vergebung zu gewähren.

Warum ist Vergeben so schwierig? Es gehört viel Mut dazu zu sagen: »Ohne deine Vergebung bin ich noch an das gebunden, was zwischen uns vorgefallen ist. Du allein hast es in der Hand, mich zu befreien.« Es setzt voraus, nicht nur zuzugeben, einen anderen verletzt zu haben, sondern verlangt auch die Demut, unsere Abhängigkeit von anderen anzuerkennen. Nur dann, wenn wir Vergebung anzunehmen vermögen, können wir auch Vergebung gewähren.

VERGEBEN – DER WEG ZUR FREIHEIT

Einem anderen von Herzen zu vergeben ist ein Akt der Befreiung. Wir befreien ihn von den negativen Fesseln, die uns aneinander binden. Wir sagen: »Ich mache dir keinen Vorwurf mehr, dass du mich beleidigt hast.« Doch es geht um mehr. Wir befreien uns auch von der Last der »Rolle des Beleidigten«. Solange wir denen nicht vergeben, die uns verletzt haben, schleppen wir sie mit uns herum oder – noch schlimmer – ziehen und zerren an ihnen wie an einer schweren Last.

Es ist eine große Versuchung, uns im Zorn an unsere Gegenspieler zu klammern und uns dann selbst als von ihnen beleidigt und verletzt zu erklären. Vergebung bedeutet deshalb nicht nur Befreiung des anderen, sondern auch Befreiung unser selbst. Es ist der Weg zur Freiheit der Kinder Gottes.

26. JANUAR

Leben hier und jetzt

UNSER HERZ DUCH VERGEBEN HEILEN

Wie können wir denen vergeben, die sich nicht vergeben lassen wollen? Wir wünschen uns von Herzen, dass die Vergebung, die wir anderen anbieten, von ihnen auch angenommen wird. Aus diesem Wechselspiel von Geben und Annehmen entstehen Frieden und Harmonie. Wenn wir aber nur unter der Voraussetzung Vergebung gewähren, dass sie auch angenommen wird, werden wir selten vergeben!

Dem anderen vergeben ist zuerst und vor allem ein innerer Vorgang. Es ist ein Akt, der den Ärger, die Verbitterung und die Rachsucht in uns tilgt und uns hilft, unsere menschliche Würde zurückzugewinnen. Wir können nicht diejenigen, denen wir vergeben möchten, dazu zwingen, sich vergeben zu lassen. Vielleicht sind sie nicht in der Lage oder nicht gewillt, unsere Vergebung anzunehmen. Oft wissen oder spüren sie gar nicht, dass sie uns verletzt haben.

Die einzigen, die wir wirklich verändern können, sind wir selbst. Anderen zu vergeben bedeutet zuerst und vor allem, unser eigenes Herz zu heilen.

27. JANUAR

Leben hier und jetzt

VERGEBEN IN GOTTES NAMEN

Wir alle sind verwundete Menschen. Wer verwundet uns? Oft gerade die, welche wir lieben, und die, die uns lieben. Fühlen wir uns zurückgewiesen, verlassen, missbraucht, manipuliert oder in unserer Ehre getroffen, so meist durch Menschen, die uns besonders nahe stehen: unsere Eltern, Freunde, unser Ehegatte, unser(e) Geliebte(r), unsere Kinder, Nachbarn, unser Lehrer oder Pfarrer.

Diejenigen, welche uns lieben, verletzen uns auch. Darin liegt die Tragik unseres Lebens, das macht das Von-Herzen-Vergeben so schwer, denn unser Herz wurde doch verwundet und schreit auf: »Ausgerechnet du, von dem ich erwartete, dass du für mich da bist, hast mich verlassen. Wie könnte ich dir das je verzeihen?«

Vergeben scheint oft unmöglich zu sein. Doch für Gott ist nichts unmöglich. Der Gott, der mit uns ist, wird uns die Gnade schenken, unser verwundetes Selbst zu überwinden und zu sagen: »In Gottes Namen ist dir vergeben.« Beten wir um diese Gnade!

28. JANUAR

Leben hier und jetzt

UNSERE ERINNERUNGEN HEILEN

Vergeben bedeutet nicht: vergessen. Wenn wir einem Menschen vergeben haben, wird die Erinnerung an die uns zugefügte Verletzung uns vielleicht lange, wenn nicht das ganze Leben hindurch begleiten. Manchmal tragen wir diese Erinnerung als ein sichtbares Zeichen an unserem Körper. Die Vergebung verändert aber die Art und Weise, wie wir uns erinnern. Sie wendet den Fluch in einen Segen.

Wenn ich meinen Eltern die Scheidung vergebe, meinen Kindern die mangelnde Aufmerksamkeit, meinen Freunden den unterlassenen Beistand in Not oder meinem Arzt eine falsche Behandlung, brauche ich mich nicht mehr als Opfer von Geschehnissen anzusehen, die sich meinem Einfluss entziehen.

Vergebung erlaubt mir, die eigenen Kräfte zu nutzen und mich von dem Geschehenen nicht zugrunde richten zu lassen. Vergebung führt dazu, dass das Geschehene die Weisheit meines Herzens vertieft. Vergebung kann tatsächlich heilen.

29. JANUAR

Leben hier und jetzt

SICH FÜR DIE FREUDE ENTSCHEIDEN

Freude macht das Leben lebenswert. Aber vielen fällt es offensichtlich schwer, Freude zu finden: Sie klagen über ihr Leben, das ihnen nur Sorge und Plage beschert. Wie lässt sich also Freude finden, nach der wir so sehr verlangen? Sind manche Menschen einfachhin glücklich, während andere dem Glück hinterherrennen müssen? So seltsam es klingen mag: Für das Glück können wir uns jeden Tag entscheiden. Zwei Menschen kann ein und dasselbe Unglück treffen, können aber völlig verschieden darauf reagieren. Der eine nimmt es als Grund zur Empörung, ist verzweifelt und zerstört, der andere sucht ihm – ohne das Unglück zu verharmlosen – auch etwas Gutes abzugewinnen und vertraut darauf.

Es kommt darauf an, sich bewusst zu machen, dass jeder Augenblick unseres Lebens die Gelegenheit bietet, die Freude zu wählen. Das Leben hat viele Seiten. Immer gibt es eine schmerzliche und eine freudige Seite der Wirklichkeit, in der wir leben. Ebenso haben wir immer die Wahl, den jeweiligen Augenblick als Grund zum Verdruss oder als Anlass zur Freude zu erleben. In dieser Wahl liegt unsere wahre Freiheit.

30. JANUAR

Leben hier und jetzt

DIE FREUDE, WIE ANDERE ZU SEIN

Auf den ersten Blick scheint Freude mit Anderssein zusammenzuhängen. Wird uns ein Kompliment gemacht oder haben wir einen Preis gewonnen, erleben wir die Freude, nicht wie andere zu sein. Wir sind schneller, eleganter, intelligenter: Dieser Unterschied verschafft uns Freude. Aber solche Freude ist sehr bedingt und unbeständig.

Wahre Freude ist dort verborgen, wo wir so sind wie andere Menschen auch: schwach und sterblich. Es ist die Freude, zum menschlichen Geschlecht zu gehören, die Freude, anderen ein Freund, Begleiter, Weggefährte zu sein.

Das ist die Freude Jesu, der der Emanuel ist: der Gott-mit-uns.

31. JANUAR

Leben hier und jetzt

FEBRUAR

Einsam und gemeinsam

SOLIDARITÄT DER SCHWACHHEIT

Freude ist das verborgene Geschenk des Mit-Leidens. Doch Mit-Leiden ist etwas anderes als Mitleid haben. Mitleid-Haben hat einen Anflug von Distanz, wenn nicht gar einen Hauch von Sich-Herablassen. Mit-Leiden, das heißt, auf einen anderen, der leidet, zuzugehen und sich auf ihn einzulassen, einem guten Freund, der in Bedrängnis und verzweifelt ist, zur Seite zu stehen, auch wenn wir dabei oft nur schweigen können.

Es gibt viele Gelegenheiten, solches Mit-Leiden zu beweisen und darin – so seltsam es klingen mag – Freude zu finden: keine Glückserfahrung, kein Begeistert- oder tiefes Befriedigtsein, sondern die stille, innere Freude darüber, für einen anderen dasein und der Menschheitsfamilie in Solidarität mit unseren Brüdern und Schwestern angehören zu können.

Oft ist dies eine Solidarität in Schwachheit, Gebrochenheit und Verwundbarkeit, doch führt sie uns in die Mitte der Freude, die im Menschsein mit anderen liegt: Dass Mit-Leiden Freude bringt, ist eines der am besten gehüteten Geheimnisse der Menschen, das nur wenige kennen und das immer wieder neu entdeckt werden muss. Es geht dabei nicht darum, Mutter Teresa zu imitieren, sondern aufgeschlossen zu sein für die vielen kleinen Leiden derer, mit denen wir unser Leben teilen.

1. FEBRUAR

Einsam und gemeinsam

SEI DANKBAR ZU DIR SELBST

Wir brauchen in unserem Leben Stille und sehnen uns sogar nach ihr. Treten wir aber in die Stille ein, erhebt sich in uns viel »Lärm«, der uns oft so stört und zusetzt, dass wir lieber in unseren aufreibenden, unruhigen Alltag zurückkehren möchten, als eine Zeitlang in der Stille zu verweilen. Zweifacher »Lärm« dringt sehr schnell in unsere Stille ein: der Lärm des Begehrens und der Lärm des Grolls. Das Begehren enthüllt unsere vielen unbefriedigten Sehnsüchte, der Groll unsere zahlreichen ungelösten Beziehungen. Doch Begehren und Groll ist schwer entgegenzutreten.

Was können wir also tun? Jesus sagt: »Geht und lernt, was es heißt: Barmherzigkeit will ich, nicht Opfer« (Matthäusevangelium 9,13). »Opfer« meint »aufopfern«, »herausschneiden«, »ausbrennen« oder »abtöten«. Damit ist unserem Begehren und unserem Groll nicht beizukommen. Es ist einfach nicht zu schaffen. Was wir aber tun können, ist, zu unserem eigenen Ich barmherzig zu sein und diese Feinde als Freunde zu behandeln.

2. FEBRUAR

Einsam und gemeinsam

UNSERE INNEREN FEINDE ALS FREUNDE BEHANDELN

Wie können wir unseren beiden inneren Feinden, dem Begehren und dem Groll, Freund sein? Indem wir uns anhören, was sie sagen. Das Begehren sagt: »Ich habe viele unerfüllte Wünsche« und der Groll: »Wer liebt mich denn wirklich?« Statt unser Begehren und unseren Groll als unerwünschte Gäste abzuweisen, sollten wir zugeben, dass unser angstvolles, getriebenes Herz Heilung braucht. Unsere Ruhelosigkeit fordert uns auf, zu der wahren inneren Ruhe zu gelangen, in der Begehren und Groll in eine tiefere Form von Liebe umgewandelt werden können.

Begehren und Groll bergen viel ungenutzte Energie. Wird diese Energie wahrer aufrichtiger Liebe zugeleitet, so können wir nicht nur uns selbst, sondern auch diejenigen umwandeln, die sonst die Opfer unseres Begehrens und unseres Grolls wären. Dazu bedarf es der Geduld, doch es ist möglich.

3. FEBRUAR

Einsam und gemeinsam

FREUNDLICH SEIN

Freundlichkeit ist eine lobenswerte menschliche Eigenschaft. Sagen wir von jemandem: »Sie ist ein freundlicher Mensch« oder: »Er war wirklich freundlich zu mir«, sprechen wir damit eine positive Erfahrung aus. In unserer von Konkurrenzdenken und oft auch von Gewalt beherrschten Welt gehört Freundlichkeit durchaus nicht zu den am häufigsten anzutreffenden Verhaltensweisen. Begegnen wir ihr aber, so dürfen wir uns glücklich preisen.

Ist es möglich, an Freundlichkeit zuzunehmen und ein freundlicher Mensch zu werden? Durchaus, wenngleich dies geduldige Einübung erfordert. Freundlich zu sein bedeutet, einen anderen als unseren nahen Verwandten (was das entsprechende englische Wort »kin«, von dem sich »kindness« = Freundlichkeit ableitet, besagt) zu behandeln. Wir sagen: »Wir sind miteinander verwandt« oder: »Er ist mit mir nahe verwandt.« Freundlich zu sein heißt demnach, sich jemandem als »geistig Verwandter« zuzuwenden.

Die große Herausforderung besteht darin: Alle Menschen, ohne Rücksicht auf ihre Hautfarbe, ihre Religion oder ihr Geschlecht, gehören zu einer Menschheitsfamilie und sind aufgerufen, freundlich zueinander zu sein, sich als Brüder und Schwestern zu erweisen. Es gibt keinen Tag in unserem Leben, an dem wir dazu nicht aufgefordert sind.

4. FEBRUAR

Einsam und gemeinsam

GOTTES BEDINGUNGSLOSE LIEBE

Was können wir von der Liebe Gottes sagen? Wir können sagen, dass sie bedingungslos ist, keine Vorbehalte macht. Gott kennt kein: »Ich liebe dich, wenn du...« Im Herzen Gottes gibt es keine »Wenn« und »Aber«. Gottes Liebe zu uns hängt nicht davon ab, was wir sagen oder tun, wie wir aussehen oder wie intelligent wir sind, welche Erfolge wir vorzuweisen haben oder welches Ansehen wir genießen. Gottes Liebe zu uns bestand, schon bevor wir geboren wurden, und wird noch bestehen, wenn wir längst nicht mehr sind. Gottes Liebe währt von Ewigkeit zu Ewigkeit und ist an keine zeitlich bedingten Ereignisse oder Umstände gebunden.

Heißt dies, dass es Gott nicht kümmert, was wir tun oder sagen? Nein! Denn was wäre Gottes Liebe, wenn er sich nicht um uns sorgte? Bedingungslos zu lieben bedeutet nicht, teilnahmslos zu lieben. Gott verlangt danach, mit uns in Beziehung zu treten, und will, dass auch wir ihn lieben.

Wagen wir es, ohne Furcht in enge Beziehung mit Gott zu treten, und vertrauen wir darauf, dass uns dabei nur Liebe, immer größere Liebe geschenkt wird.

STETS ZUR LIEBE ZURÜCKKEHREN

Oft verwechseln wir bedingungslose Liebe mit bedingungsloser Zustimmung oder Billigung. Gott liebt uns ohne Vorbehalte und ohne Bedingungen, billigt aber nicht jedes menschliche Verhalten. Gott bejaht nicht Treuebruch, nicht Gewalt, Hass oder Arglist und nicht die vielen anderen Ausdrucksformen des Bösen, da sie alle der Liebe widersprechen, mit der Gott das menschliche Herz durchdringen möchte. Das Böse ist die Abwesenheit von Gottes Liebe. Das Böse gehört nicht zu Gott.

Dass Gott uns bedingungslos liebt, besagt, dass er uns auch dann liebt, wenn wir Böses denken oder sagen. Wie liebevolle Eltern auf die Rückkehr eines verlorenen Kindes warten, so wartet Gott auf uns. Es ist für uns lebenswichtig, an der Wahrheit festzuhalten, dass Gottes Liebe zu uns niemals endet, selbst dann nicht, wenn wir ihn durch unser Tun beleidigt haben. Diese Wahrheit sollte uns drängen, zur immer bestehenden Liebe Gottes zurückzukehren.

6. FEBRUAR

Einsam und gemeinsam

IN FREUNDLICHKEIT GEKLEIDET

*I*mmer wieder begegnen wir einem freundlichen Menschen, wenngleich Freundlichkeit eine heute mehr und mehr in den Hintergrund tretende Tugend ist und vor allem Härte und rauhe Direktheit bewundert werden. Wir werden dazu gedrängt, etwas zu erledigen und dies schnell zu erledigen, selbst wenn Menschen dabei Verletzungen davontragen. Erfolg, die Fähigkeit, sich durchzusetzen, und Produktivität zählen, doch der Preis dafür ist hoch. In solch einer Atmosphäre ist für Freundlichkeit wenig Platz.

Freundlich ist, wer »das geknickte Rohr nicht zerbricht und den glimmenden Docht nicht auslöscht« (Matthäusevangelium 12,20). Freundlich ist, wer die Stärken und Schwächen des anderen achtet und sich mehr darüber freut, etwas gemeinsam zu tun als nur etwas auszuführen. Ein freundlicher Mensch geht behutsam vor, hört aufmerksam zu, schenkt einen verständnisvollen Blick und klopft auch einmal auf die Schulter. Ein freundlicher Mensch weiß, dass wirkliches Werden und Wachsen Pflege und nicht Gewalt verlangen.

Kleiden wir uns mit Freundlichkeit! In unserer rauhen und oft unerbittlichen Welt könnte unsere Freundlichkeit eine lebendige Erinnerung daran sein, dass Gott unter uns gegenwärtig ist.

7. FEBRUAR

Einsam und gemeinsam

FÜR ANDERE SORGE TRAGEN

Was bedeutet das: um einen anderen Menschen besorgt zu sein, für ihn Sorge zu tragen (englisch: »care«)? Es bedeutet, dass uns dieser Mensch nicht gleichgültig ist, dass uns sein Zustand nicht kalt lässt, und umfasst mehr, als sich darum zu kümmern (englisch: »cure«), dass Abhilfe geschaffen, Besserung erreicht wird. Letzteres läuft im Grunde darauf hinaus, etwas »auszurichten«, etwas »verändern« zu wollen. Ein Arzt, ein Rechtsanwalt, ein Seelsorger oder ein Sozialarbeiter möchte seinen Beruf so ausüben, dass sich im Leben der Menschen etwas ändert, Besserung erzielt wird. Sie werden für das, was sie »ausrichten«, »ändern« und »verbessern« können, bezahlt. Aber alles Ändern und Verbessern, so notwendig es auch sein mag, unterliegt – sofern dies nicht aus einer wirklichen Sorge für den anderen geschieht – leicht der Gefahr, Menschen Gewalt anzutun, sie zu manipulieren oder gar zu zerstören. Für einen anderen Sorge tragen bedeutet: mit ihm sein, mit ihm weinen, mit ihm leiden, mit ihm fühlen. Sorge-Tragen ist mitleidendes Anteilnehmen und hält an der Wahrheit fest, dass der/die andere mein Bruder oder meine Schwester ist: ein Mensch, vergänglich und verwundbar wie ich.

Wenn die Sorge für den anderen unser erstes Anliegen ist, werden wir Änderung und Besserung als Geschenk entgegennehmen können. Oft vermögen wir nicht, Änderung und Besserung herbeizuführen, doch werden wir immer für andere Sorge tragen können. Für andere Sorge tragen heißt Mensch sein.

8. FEBRUAR

Einsam und gemeinsam

Trost ist ein schönes Wort. Der entsprechende lateinische Ausdruck »consolatio« macht deutlich, worum es dabei geht, nämlich »mit dem« (con) sein, der »allein« (solus) ist. Trösten, Trost spenden, ist eine der wichtigsten Formen Sorge tragender Anteilnahme am Ergehen anderer. Uns begegnen im Leben viel Kummer, Traurigkeit und Einsamkeit, und wir fragen uns dabei immer wieder, wie dieses viele Leiden gelindert werden kann.

Wir können und müssen Trost spenden. Wir können und müssen die Mutter trösten, die ihr Kind durch einen Unfall verloren hat; wir können und müssen den jungen Erwachsenen trösten, der an einer unheilbaren Krankheit leidet. Wir müssen die Familie trösten, deren Haus zerstört wurde, den Soldaten, der einen Arm verloren hat, den Teenager, der Selbstmordgedanken hegt, den alten Menschen, der mit seinem Leben hadert.

Trösten bedeutet nicht, jemandem das Leid abnehmen, sondern heißt, bei ihm zu sein, ihm zur Seite zu stehen und zu sagen: »Du bist nicht allein; ich bin bei dir. Wir werden die Last gemeinsam tragen. Hab keine Angst, ich bin da!«

Das ist Trost. Wir alle haben Grund, Trost zu spenden wie auch Trost zu erhalten.

GUT STERBEN

Alle Menschen müssen einmal sterben. Daran ist nicht zu rütteln. Doch werden wir auch gut sterben? Hierin sind wir uns schon nicht mehr so sicher. Gut sterben, das bedeutet: für andere sterben, sein Leben für diejenigen fruchtbar machen, die wir zurücklassen. Deshalb lautet die entscheidende Frage nicht: »Was kann ich in den mir verbleibenden Jahren meines Lebens noch tun?«, sondern: »Wie kann ich mich auf den Tod vorbereiten, damit mein Leben späteren Generationen zugute kommen, Frucht bringen kann?«

Jesus starb einen guten Tod, weil er seinen Freunden durch sein Sterben den Geist der Liebe sandte, den Heiligen Geist, als die Triebkraft ihres Lebens.

Können auch wir unseren Freunden den Geist der Liebe senden, wenn wir sie einmal verlassen? Oder sorgen wir uns auch darum, was *wir* noch *tun* können? Sterben kann unser größtes Geschenk werden, wenn wir uns darauf vorbereiten, gut zu sterben.

WORTE, DIE ERSCHAFFEN

Worte, Worte, Worte wie Sand am Meer. Unsere Welt ist voll von Worten: ferngesteuerte Worte auf Anzeigetafeln, angeforderte Worte über Datenautobahnen und auf Bildschirmen, Worte in unzähligen Zeilen von Zeitungen, Zeitschriften und Büchern. Hingehauchte, geflüsterte, laut hinausgeschriene und zärtlich gesungene Worte. Worte, die laufen, die tanzen, mal größer, mal kleiner, mal dunkler, mal heller werden. Worte, die auf uns eindringen: »Probier mich!« »Riech mich!«« »Iss mich!« »Trink mich!«, vor allem aber: »Kauf mich!« In dieser Flut von Worten, die über uns hereinbricht, stumpfen wir ab und sagen resigniert: »Doch alles nur Worte!« Und schon hat das Wort an Kraft verloren.

Das Wort hat aber die Kraft zu erschaffen. Wenn Gott spricht, dann erschafft er. Wenn Gott sagt: »Es werde Licht!« (Genesis 1,3), wird Licht. Gott spricht Licht. Bei Gott sind Sprechen und Erschaffen ein und dasselbe. Diese schöpferische Kraft des Wortes müssen wir neu entdecken. Was wir sagen, ist sehr wichtig. Sagen wir: »Ich liebe dich!«, und sagen es von Herzen, können wir einem anderen Menschen neues Leben, neue Hoffnung, neuen Mut geben. Sagen wir ihm: »Ich hasse und verachte dich!«, können wir ihn zerstören. Achten wir auf unsere Worte!

11. FEBRUAR

Einsam und gemeinsam

WORTE, DIE UNS ERNÄHREN

Wenn wir miteinander sprechen, so meist darüber, was sich getan hat, wir gerade tun oder zu tun gedenken. Oft sagen wir: »Na, was gibt's Neues?« und erwarten, dass wir einander Näheres aus unserem Alltag berichten. Doch möchten wir manchmal auch gern etwas anderes hören: dass uns jemand sagt: »Ich habe heute schon an dich gedacht«, oder: »Ich habe dich vermisst«, »Es wäre schön, du wärst immer hier« oder gar: »Ich hab' dich wirklich gern.« Wenn es auch nicht immer leicht fallen mag, dies auszusprechen, so können solche Worte doch unsere Beziehungen zueinander vertiefen.

Jemandem »Ich hab' dich gern« zu sagen, mit welchen Worten auch immer, wird stets eine gute Nachricht sein. Niemand wird es in den Sinn kommen, darauf zu antworten: »Schön, ich wusste das schon, du brauchtest es mir nicht noch einmal zu sagen!« Worte der Bestätigung, der Zuneigung und Liebe sind wie Brot. Wir brauchen sie Tag für Tag. Sie halten uns innerlich am Leben.

12. FEBRUAR

Einsam und gemeinsam

DAS PRIVILEG FEIERN, AM LEBEN ZU SEIN

Geburtstage sind sehr wichtig. Einen Geburtstag feiern heißt: das Leben feiern und sich darüber freuen. An unserem Geburtstag können uns die Leute sagen: »Danke, dass du auf der Welt und bei uns bist!« Geburtstagsgeschenke sind Zeichen der Freude unserer Angehörigen und Freunde darüber, dass wir zu ihrem Leben gehören. Kinder freuen sich oft schon Monate im voraus auf ihren Geburtstag und zählen die Tage bis dahin. Der Geburtstag ist ihr großer Tag, an dem sie im Mittelpunkt stehen und gefeiert werden.

Wir sollten unseren Geburtstag und die Geburtstage derer, die uns nahestehen, niemals vergessen. Geburtstage erhalten uns ein Stück Kindsein. Sie erinnern uns an das, was wichtig ist und zählt: nicht, was wir tun und geleistet haben, was wir besitzen oder welche wichtigen Leute wir kennen, sondern dass wir *sind*, hier und jetzt; Grund genug, uns darüber zu freuen. Danken wir an unserem Geburtstag für das Geschenk des Lebens.

13. FEBRUAR

Einsam und gemeinsam

WARUM IN DIE FERNE SCHWEIFEN...

Wir müssen nicht weit gehen, um den Schatz zu finden, den wir suchen. Das Schöne und Gute liegt genau da, wo wir sind. Nur dann, wenn wir das Schöne und Gute vor unseren Augen sehen, werden wir es auch auf unseren Reisen in die Ferne wahrnehmen. Rings um uns stehen Bäume, blühen Blumen, über die wir uns freuen, gibt es Kunstwerke und Denkmäler, die wir bewundern können. Doch vor allem umgeben uns Menschen, die lachen und spielen, freundlich und liebenswürdig sind. Sie alle sind da, um als Geschenk erkannt und von uns dankbar angenommen zu werden.

Wir neigen dazu, das viele Schöne und Gute um uns herum als willkommene Information für unsere Pläne und Vorhaben zur Kenntnis zu nehmen und zu sammeln, verstehen es aber nicht, es zu genießen und uns daran zu erfreuen. Halten wir uns doch mehr daran: Warum in die Ferne schweifen, denn das Gute und Schöne liegt so nah...

14. FEBRUAR

Einsam und gemeinsam

DAS MAHL, DAS UNS ZUSAMMENFÜHRT

Wir müssen uns ernähren, essen und trinken, um zu leben. Aber sich zu Tisch setzen und ein Mahl halten ist mehr als essen und trinken. Es bedeutet, das Geschenk des Lebens, an dem wir teilhaben, zu feiern. Ein gemeinsames Mahl ist ein sehr familiäres und heiliges menschliches Geschehen. Indem wir zu Tisch sitzen, einander zu essen und zu trinken anbieten, werden wir verwundbar. Bei einem Mahl geschieht viel mehr, als sich zu sättigen, Hunger und Durst zu stillen. Bei Tisch kommen wir uns nahe, werden wir eine Familie, werden wir Freunde, eine Gemeinschaft, ja, ein Leib.

Deshalb hat es einen tiefen Sinn, den Tisch zu »decken« und zu schmücken: Blumen, Kerzen, farbige Servietten, schöne Tassen und Teller sind Mittel, einander zu sagen: »Es ist schön, es freut mich, mit dir zu Tisch zu sein, und bedeutet mir viel. Genießen wir es!«

15. FEBRUAR

Einsam und gemeinsam

TISCHGEMEINSCHAFT

Der Tisch ist einer der wichtigsten Orte in unserem Leben, an dem wir Gemeinsamkeit und Nähe erfahren. Bei Tisch schenken wir uns Aufmerksamkeit, kommen wir einander entgegen. Wenn wir bitten: »Nimm etwas mehr! Darf ich dir nachlegen, noch einmal einschenken? Sei nicht so bescheiden! Lass dir's schmecken!«, so sagen wir damit viel mehr, als unsere Worte zum Ausdruck bringen. Wir laden unsere Tischgäste ein, Teil unseres Lebens zu werden. Wir möchten, dass sie sich nicht anders ernähren als wir, dieselben Speisen und dasselbe Getränk zu sich nehmen. Wir suchen Gemeinsamkeit und Gemeinschaft. Daher kann es sehr beleidigend sein, das Essen und Trinken, das uns Gastgeber anbieten, abzulehnen. Es kann wie eine Ablehnung einer Einladung empfunden werden, einander näher zu kommen.

So seltsam es klingen mag: Der Tisch ist der Ort, an dem wir füreinander Nahrung werden möchten. Jedes gemeinsame Frühstück, Mittag- oder Abendessen kann eine Gelegenheit werden, zu immer tieferer Gemeinsamkeit und Gemeinschaft zu finden.

DAS BAROMETER UNSERES LEBENS

Wenngleich der Tisch ein Ort besonderer Nähe ist, wissen wir, wie leicht er zu einem Ort der Distanz, der Feindseligkeit, ja des Hasses werden kann. Gerade deshalb, weil der Tisch ein Ort besonderer Nähe sein soll, kann er unversehens zu einem Ort werden, an dem die Abwesenheit von Nähe besonders deutlich empfunden wird. Der Tisch legt die Spannungen bloß, die zwischen uns bestehen. Finden Ehegatten kein Wort füreinander, weigert sich ein Kind zu essen, streiten Bruder und Schwester, herrscht gespanntes Schweigen – dann wird der Tisch zur Hölle, ein Ort, an dem wir am allerwenigsten sein möchten.

Der Tisch ist ein Gradmesser, eine Art Barometer im Leben einer Familie oder Gemeinschaft. Tun wir unser möglichstes, damit der Tisch zu dem Ort wird, an dem wir es genießen, eine Familie zu sein.

17. FEBRUAR

Einsam und gemeinsam

SCHÖNE ERINNERUNGEN SCHAFFEN

Erlebnisse bei Tisch prägen sich besonders tief in unser Gedächtnis ein. Vieles mögen wir mit zunehmenden Jahren vergessen, aber an das gemeinsame Mahl im Kreis der Familie am Heiligen Abend, an einem besonderen Geburtstag oder Fest denken wir meist ein Leben lang zurück. Wir erinnern uns an diese Gelegenheiten gern und dankbar, aber manchmal auch ungern und erzürnt. Sie erwecken in uns ein Gefühl von Frieden und Daheimsein oder lassen Zwist und Familienstreit wieder lebendig werden. Diese besonderen Augenblicke, in denen wir uns um den Tisch versammeln, geben sehr konkret Aufschluss über die Qualität unseres Zusammenlebens.

Angelieferte Schnellmenüs und die Gewohnheit, vor dem laufenden Fernsehapparat zu essen, lassen heute ein wirkliches gemeinsames Mahl immer seltener werden. Woran aber sollen wir uns einmal erinnern, wenn wir uns nicht mehr zu Tisch setzen, um gemeinsam Mahl zu halten? Mag sein, dass unsere schmerzenden Erinnerungen bald abgenommen haben werden, aber werden wir überhaupt frohe besitzen?

Rücken wir den Tisch wieder in den Mittelpunkt, machen wir ihn zu einem Ort der Freundlichkeit, der Aufmerksamkeit, der Freude und des Friedens, zu einem Ort schöner Erinnerungen.

18. FEBRUAR

Einsam und gemeinsam

GRUNDLAGE UNSERER SICHERHEIT

Worauf gründen wir unsere Sicherheit? Fangen wir an, darüber nachzudenken, kommen wir auf viele Antworten. Grundlagen unserer Sicherheit könnten sein: Erfolg, Geld, Freunde, Besitz, Ansehen, Beziehungen, eine Lebensversicherung und so fort. Wenn wir vielleicht auch nicht immer *meinen*, dass sich unsere Sicherheit auf die eine oder andere Form solchen Vorsorgens stützt, so belehrt uns aber unser *Handeln* und *Empfinden* eines Besseren. Nehmen zum Beispiel unsere Ersparnisse ab, beginnt der Kreis unserer Freunde kleiner zu werden, unser Ansehen geringer, zeigt unsere wachsende Angst, wie sehr unser Sinn für Sicherheit von alldem abhängt.

Geistlich leben bedeutet: sein Leben nicht auf eines dieser erworbenen, konkreten Güter – so gut und wichtig sie sein mögen – zu gründen. Es mag sein, dass wir uns nie vollständig davon befreien können, uns an die Dinge dieser Welt zu klammern; doch wollen wir in dieser Welt als wirklich freie Menschen leben, sollten wir zwar »in der Welt, doch nicht von der Welt sein«. »Ihr könnt nicht beiden dienen, Gott und dem Mammon« (Lukasevangelium 16,13).

19. FEBRUAR

Einsam und gemeinsam

LEBEN, OHNE ZU BESITZEN

*U*m sich an den vielen schönen und guten Dingen, mit denen uns die Welt beschenkt, wirklich erfreuen zu können, müssen wir uns von ihnen lösen. Sich lösen bedeutet nicht, ihnen gegenüber gleichgültig oder uninteressiert zu sein, sondern heißt, nicht von ihnen Besitz ergreifen zu wollen. Das Leben ist ein Geschenk, um dafür dankbar zu sein; es ist kein Besitz, um sich daran zu klammern.

Ein Leben ohne Besitz ist ein freies Leben. Diese Freiheit ist aber nur zu erlangen, wenn wir ein tiefes Empfinden dafür haben, was »gehören« bedeutet. Wem gehören wir denn? Wir gehören Gott, und Gott, dem wir gehören, hat uns in die Welt gesandt, um in seinem Namen zu verkünden, dass die ganze Schöpfung aus Liebe und durch Liebe erschaffen wurde und uns zu Dankbarkeit und Freude aufruft. Darin vor allem besteht ein Leben der »Loslösung«. Es ist ein Leben, in dem wir frei sind, um zu loben und zu danken.

20. FEBRUAR

Einsam und gemeinsam

WAHRE NÄHE

Menschliche Beziehungen unterliegen leicht der Gefahr, besitzergreifende Formen anzunehmen. Unser Herz sehnt sich so sehr nach Liebe, dass wir immer versucht sind, uns an den Menschen, der uns Liebe, Zuneigung, Sympathie, Freundschaft oder Fürsorge schenkt, zu klammern. Kaum haben wir einen Hauch von Liebe entdeckt oder gespürt, verlangen wir schon nach mehr. Daran mag es auch liegen, dass Liebende so häufig miteinander streiten. Liebeshändel sind kleine Streitereien zwischen Menschen, die mehr voneinander wollen, als sie zu geben vermögen oder zu geben gewillt sind.

Es fällt der Liebe schwer, nicht in Besitz zu nehmen, denn unser Herz sehnt sich nach vollkommener Liebe, die aber kein Mensch geben kann. Nur Gott kann vollkommene Liebe schenken. Deshalb gehört zur Kunst des Liebens auch die Kunst, einander Raum zu gewähren. Wenn wir in den Raum des anderen eindringen und ihm nicht erlauben, ein freier Mensch zu sein, stiften wir in unseren Beziehungen viel Kummer und Enttäuschung. Gewähren wir jedoch einander Raum, in dem wir uns bewegen und unsere Gaben austauschen können, kann es zu wahrer Nähe kommen.

NÄHE UND DISTANZ

Soll eine Beziehung zwei Menschen immer enger verbinden, entwickelt sie sich nur im Wechselspiel von Nähe und Distanz. Nicht anders ist es beim Tanz. Mal sind die Partner nah beieinander, berühren und halten sich, mal trennen sie sich und lassen einander Entfaltungsraum.

Es gehört viel Anstrengung dazu, die richtigen Schritte zwischen Nähe und Distanz zu tun, besonders dann, wenn die Absichten der Partner auseinandergehen. Vielleicht sucht der eine die Nähe, der andere hingegen die Distanz. Der eine will gehalten, der andere währenddessen selbständig sein. Vollkommener Einklang ist selten. Doch auch das redliche Bemühen führt zu einem Tanz, der schön sein kann.

22. FEBRUAR

Einsam und gemeinsam

KEIN DOPPELLEBEN

Wir ziehen gern einen Trennungsstrich zwischen unserem Privatleben und unserem Leben in der Öffentlichkeit: »Was ich privat mache, geht niemanden etwas an.« Aber jeder, der ein geistliches Leben zu führen versucht, wird bald erkennen, dass das Persönlichste zugleich das Allgemeingültigste ist, das Verborgenste das Offenkundigste und das Einsamste das Gemeinsamste ist. Was wir im Innersten unseres Seins erfahren, ist nicht nur für uns, sondern für alle bestimmt. Daraus erklärt sich, warum unser eigenes inneres Leben zugleich ein Leben für andere ist; warum unser Alleinsein eine Gabe für unsere Gemeinschaft ist und warum unsere geheimsten Gedanken unser gemeinsames Leben beeinflussen.

Jesus sagt: »Eine Stadt, die auf einem Berg liegt, kann nicht verborgen bleiben. Man zündet auch nicht ein Licht an und stülpt ein Gefäß darüber, sondern man stellt es auf den Leuchter, dann leuchtet es allen im Haus« (Matthäusevangelium 5,14f.). Das innerste Licht ist ein Licht für die Welt. Führen wir also kein »Doppelleben«, damit unser privates Tun und Lassen nicht vor den Augen anderer verborgen bleiben muss.

UNSERE GEHEIMNISSE ANS LICHT BRINGEN

Wir alle leben mit Geheimnissen, seien es Gedanken, Erinnerungen oder Gefühle, die wir für uns behalten. Oft sagen wir uns: »Wenn die Leute wüssten, was ich empfinde oder denke, würden sie staunen!« Diese streng gehüteten Geheimnisse können uns viel Kummer bereiten, können ein Gefühl von Schuld oder Scham in uns wachrufen und Selbstablehnung, Niedergeschlagenheit, ja Selbstmordgedanken und -handlungen zur Folge haben.

Wie sollen wir mit unseren Geheimnissen umgehen? Wichtig ist vor allem, sie anderen, denen wir vertrauen, »unter vier Augen« mitzuteilen. Wenn wir einen guten Weg gefunden haben, unsere Geheimnisse ans Licht zu bringen und sie mit anderen zu betrachten, werden wir bald feststellen, dass wir nicht allein Geheimnisse haben und wir deswegen in den Augen unserer Freunde nicht sinken, sondern mehr als zuvor von ihnen geachtet und geliebt werden. Das Offenlegen unserer Geheimnisse schafft Gemeinschaft und führt zu innerer Heilung. Eine offene Aussprache über unsere Geheimnisse wird dazu führen, dass nicht nur andere uns um so größeren Respekt entgegenbringen werden, sondern auch wir uns selbst.

24. FEBRUAR

Einsam und gemeinsam

VERBORGENE GRÖSSE

*U*nsere Zeit legt großen Wert auf Bekanntheit und Berühmtheit. Zeitung, Radio und Fernsehen hämmern uns ein: Was zählt, ist bekannt sein, gelobt und bewundert werden, ob als Autor, Schauspieler, Musiker, Sportler oder Politiker.

Doch wirkliche Größe ist meist verborgen, demütig, zurückhaltend, bescheiden und unaufdringlich. Es ist nicht leicht, Vertrauen zu uns selbst und unserem Handeln zu haben, ohne öffentliche Bestätigung zu erhalten. Dazu bedarf es eines starken Selbstvertrauens und einer großen Demut. Aber manch ein großes Werk der Kunst und manch bedeutendes Werk des Friedens wurde von Menschen geschaffen, die kein Rampenlicht brauchten. Sie wussten, dass das, was sie taten, ihre Berufung war, und entsprachen ihr mit großer Geduld, Beharrlichkeit und Liebe.

25. FEBRUAR

Einsam und gemeinsam

SICH UNSERER VERGÄNGLICHKEIT STELLEN

Wer hat nicht schon einmal von einem Leben in Vollkommenheit geträumt: von einem Leben ohne Sorgen und Leid, ohne Trauer, Konflikte und Krieg? Die geistliche Herausforderung, vor die wir gestellt sind, besteht darin, Spuren dieses Lebens in Vollkommenheit inmitten unseres täglichen Ringens zu erkennen. Indem wir die Wahrheit unseres vergänglichen Lebens akzeptieren, berühren wir das ewige Leben, das darin im Keim enthalten ist. Der Apostel Paulus bringt dies kraftvoll zum Ausdruck, wenn er schreibt: »Von allen Seiten werden wir in die Enge getrieben und finden doch noch Raum; wir wissen weder aus noch ein und verzweifeln dennoch nicht; wir werden gehetzt und sind doch nicht verlassen; wir werden niedergestreckt und doch nicht vernichtet. Wohin wir auch kommen, immer tragen wir das Todesleiden Jesu an unserem Leib, damit auch das Leben Jesu ... an unserem sterblichen Fleisch offenbar wird« (2. Korintherbrief 4,8-12).

Nur dann, wenn wir uns unserer Vergänglichkeit stellen, können wir mit dem Leben in Berührung kommen, das den Tod überschreitet. Unsere Unvollkommenheiten eröffnen uns die Aussicht auf ein Leben in Vollkommenheit, das Gott in und durch Christus uns zugesagt hat.

26. FEBRUAR

Einsam und gemeinsam

RAUM SCHAFFEN FÜR GOTT

Geistliches Leben ohne Einübung, ohne Disziplin ist nicht möglich. Disziplin gehört wesentlich zu Jüngerschaft und Nachfolge. Jüngerschaft ohne Disziplin ist wie zu einem Marathonlauf starten, ohne jemals zweiundvierzig Kilometer gelaufen zu sein. Und Disziplin ohne Jüngerschaft ist wie ständiges Trainieren für einen Marathonlauf, ohne aber einmal wirklich an den Start gegangen zu sein. Gleichwohl ist zu bedenken, dass Disziplin im geistlichen Leben nicht dasselbe ist wie beim Sport. Disziplin beim Sport ist das konzentrierte Bemühen, den Körper zu beherrschen, damit er dem Verstand besser gehorcht. Disziplin im geistlichen Leben ist das konzentrierte Bemühen, den nötigen Freiraum zu schaffen und die nötige Zeit aufzubringen, wo Gott unser Herr werden kann und wo wir den Weisungen Gottes in Freiheit folgen können.

Disziplin ist somit das Errichten von Abgrenzungen, innerhalb deren sich Zeit und Raum für Gott eröffnen. Alleinsein erfordert Disziplin genauso wie Gottesdienst, Gebet und Sorge für andere. Auch all dies setzt voraus, dass wir uns eine Zeit und einen Ort freihalten, wo Gottes gütige Gegenwart erkannt und erwidert werden kann.

27. FEBRUAR

Einsam und gemeinsam

FURCHT VOR GOTT VERLIEREN

Wir fürchten das Gespenst des Nichts. Spinoza spricht von unserem »horror vacui«, unserer schrecklichen Furcht vor der inneren Leere. Es drängt uns, jede freie, leere Zeit, jeden freien, leeren Raum zu besetzen, auszufüllen. Auch wir selbst möchten »ausgebucht«, »belegt«, beschäftigt sein. Sind wir es nicht, wirken wir dem sofort entgegen, versuchen, Leerräume auszustopfen, noch bevor sie sich wirklich aufgetan haben. Wir füllen sie mit unseren Sorgen aus und sagen: »Was wäre aber, wenn...«

Es fällt sehr schwer, Leere in unserem Leben zuzulassen. Es erfordert den Willen, sich nicht beherrschen zu lassen; den Willen, etwas Neues und Unerwartetes geschehen zu lassen. Es verlangt Vertrauen, Überwindung und die Bereitschaft, geführt zu werden. Gott möchte in unserer Leere wohnen. Doch solange wir uns vor Gott fürchten und uns seinem Handeln in unserem Leben verschließen, ist es kaum möglich, unsere Leere Gott anzubieten. Beten wir darum, dass wir unsere Furcht vor Gott verlieren und ihm als die Quelle aller Liebe Vertrauen schenken.

28. FEBRUAR

Einsam und gemeinsam

FREI SEIN, UM ZU LIEBEN

Jesus kam zu uns, um uns zu helfen, die Furcht vor Gott zu überwinden. Solange wir uns vor Gott fürchten, können wir ihn nicht lieben. Liebe bedeutet Nähe, Sich-Anvertrauen und Sich-Öffnen, aber dabei verwundbar zu werden; Liebe bedeutet ein tiefes Gefühl von Geborgenheit. Doch all das ist unmöglich, wenn Furcht und Angst herrschen. Furcht weckt Misstrauen, schafft Distanz, führt zu einer Abwehrhaltung und zu Unsicherheit.

Das größte Hindernis im geistlichen Leben ist die Furcht. Sie ist ein schlechter Nährboden für Gebet, Meditation und geistliche Entwicklung. Gott ist vollkommene Liebe, und wie der Evangelist Johannes schreibt, »vertreibt die vollkommene Liebe die Furcht« (1. Johannesbrief 4,18). Der Kern der Botschaft Jesu ist: Gott liebt uns mit bedingungsloser Liebe und sehnt sich nach unserer Gegenliebe, einer Liebe, die keine Furcht kennt.

29. FEBRUAR

Einsam und gemeinsam

MÄRZ

Treue Gottes und Treue des Menschen

GOTTES OHNMACHT

Jesus Christus ist der Immanuel, der Gott-mit uns. Das große Geheimnis der Menschwerdung Gottes ist das Verlangen Gottes, von uns geliebt zu werden. Indem Gott ein hilfloses, verletzbares Kind wurde, das vollkommen auf menschliche Fürsorge angewiesen ist, wollte er alle Distanz zwischen Menschlichem und Göttlichem aufheben.

Wer wollte sich vor einem kleinen Kind fürchten, das gefüttert, für das gesorgt werden muss, das Führung und Anleitung braucht? Wir sprechen meistens von Gott als dem allgewaltigen, allmächtigen Herrn, von dem wir vollkommen abhängig sind. Aber Gott wollte der all-ohnmächtige, all-verwundbare Gott werden, der vollkommen auf uns angewiesen ist. Wie könnten wir uns vor einem Gott fürchten, der »Gott-mit-uns«, der *uns* nahe sein will, damit wir *ihm* nahe sein können?

1. MÄRZ

Treue Gottes und Treue des Menschen

GOTTES ATEM IN UNS

Gott hat mit uns einen Bund geschlossen, er will sich mit uns verbünden. Das setzt ein Zusammenkommen voraus. Gott will tatsächlich mit uns zusammenkommen. In vielen Geschichten des Alten Testaments erweist sich Gott als der, der uns vor unseren Feinden verteidigt, uns vor Gefahren bewahrt und uns in die Freiheit führt. Er ist ein *Gott-für-uns*.

Mit dem Kommen Jesu zeichnet sich eine neue Dimension dieses Bundes ab. In Jesus Christus wird Gott geboren, wächst er heran, lebt, leidet und stirbt er so wie jeder andere Mensch auch. Er ist der Gott-mit-uns. Beim Abschied, am Abend vor seinem Leiden, verheißt er uns den Heiligen Geist. Im Heiligen Geist offenbart Gott die ganze Tiefe des Bundes mit den Menschen. Gott will uns so nahe sein wie unser Atem. Gott will in uns atmen, damit alles, was wir sagen, denken und tun, ganz und gar von Gott durchdrungen ist. Er ist ein Gott-in-uns. Auf diese Weise offenbart uns der Bund Gottes, wie sehr Gott uns liebt.

TREUE GOTTES UND TREUE DER MENSCHEN

Als Gott mit den Menschen einen Bund schloss, sagte er: »Ich werde dich lieben mit unvergänglicher Liebe. Ich werde dir die Treue halten, auch wenn du dich von mir abwendest, mich zurückweist oder verrätst.«

In unserer Zeit ist von »Bund« kaum mehr die Rede, man spricht von Verträgen. Wenn wir mit jemandem einen Vertrag abschließen, sagen wir: »Ich werde meinen Teil, meine Verpflichtungen erfüllen, solange du deine erfüllst. Sobald du deine Zusagen nicht einhältst, fühle ich mich auch an meine nicht mehr gebunden.« Verträge werden oft gebrochen, weil die Vertragspartner nicht gewillt oder in der Lage sind, die Vereinbarungen einzuhalten.

Aber Gott schloss keinen Vertrag mit uns ab, sondern einen Bund. Er möchte, dass unsere gegenseitigen Beziehungen ein Widerschein dieses Bundes sind. Ehe, Freundschaft, Leben in der Gemeinschaft sind daher Wege, Gottes Treue in unserem Zusammenleben sichtbar werden zu lassen.

GOTTES VOLLKOMMENE LIEBE WIDERSPIEGELN

Gott liebt uns. Seine Liebe zu uns ist unvergänglich. Halten wir an dieser Wahrheit fest, gewinnt unser Leben an Weite und Tiefe. Sind wir geliebt, erstreckt sich unser Leben weit über die Grenzen von Geburt und Tod hinaus. Zu geliebten Söhnen und Töchtern Gottes werden wir nicht nur bei unserer Geburt und hören bei unserem Tod auch nicht auf, es zu sein. Unser Geliebtsein währt ewig.

Ein Leben im Geist setzt voraus, dass wir an dieser unvergänglichen, ewigen Liebe Gottes zu uns festhalten und unsere eigene zeitliche Liebe, die wir Eltern, Brüdern und Schwestern, Lehrern, Freunden, unseren Ehegatten und allen, die Teil unseres Lebens sind, entgegenbringen, zum Widerschein dieser ewigen Liebe Gottes werden lassen. Weder Vater noch Mutter können ihren Kindern vollkommene Liebe schenken. Weder Ehemann noch Ehefrau können einander unbegrenzte Liebe schenken. Menschliche Liebe wird stets irgendwo gebrochen sein.

Wenn unsere gebrochene Liebe die einzige Liebe ist, die wir schenken oder erwarten dürfen, könnten wir der Hoffnungslosigkeit verfallen. Leben wir aber unsere gebrochene Liebe als einen bedingten Abglanz von Gottes vollkommener, bedingungsloser Liebe, dann können wir einander unsere Grenzen vergeben und uns der Liebe erfreuen, die wir zu geben haben.

4. MÄRZ

Treue Gottes und Treue des Menschen

MITEINANDER EIN ZUHAUSE SCHAFFEN

*V*iele menschliche Beziehungen gleichen den ineinander geklammerten Fingern zweier Hände. Zwei Menschen verbinden sich, weil jeder allein nicht überleben kann. Aber auch im Umklammern und Sich-aneinander-Festhalten wird ihnen schmerzlich bewusst, dass keiner dem anderen das Alleinsein abnehmen kann. Und je mehr wir dies versuchen, desto verzweifelter werden wir sein.

Viele Beziehungen solchen »Sich-aneinander-Klammerns« zerbrechen, weil sie erdrücken und einschnüren. Gott beruft zu einer anderen menschlichen Beziehung, die sich mit zwei gefalteten Händen vergleichen lässt: Die Fingerspitzen berühren sich, während die beiden Handflächen einen bergenden, offenen Raum bilden wie ein kleines Zelt, ein Heim, ein sicherer Aufenthaltsort. Es ist ein aus Liebe und nicht aus Furcht geschaffener Raum.

Wahre Beziehungen zwischen Menschen sind ein Hinweis auf Gott. Sie gleichen den Betern in der Welt. Manchmal sind die Hände beim Gebet fest zusammengepresst, manchmal ist zwischen den Handflächen Raum; mal sind sie enger beieinander, mal etwas weiter auseinander, aber immer berühren sie sich. Sie beten zu dem, der sie zusammenführte.

5. MÄRZ

Treue Gottes und Treue des Menschen

WAHRE GASTFREUNDSCHAFT

Jede gute Beziehung zwischen zwei oder mehreren Menschen, ob in einer Freundschaft, Ehe oder Gemeinschaft, schafft Raum, in den Fremde eintreten und Freunde werden können. Gute Beziehungen sind gastfreundlich. Betreten wir das Heim eines anderen und fühlen uns freundlich empfangen, werden wir bald spüren, dass die hier herrschende Liebe den Ausschlag gab, so herzlich aufgenommen zu werden.

Bestehen Spannungen, wird sich der Gast in kürzester Zeit in sie einbezogen sehen und gezwungen sein, für die eine oder andere Seite Partei zu ergreifen. »Bist du für ihn oder für sie?« »Vertrittst du deren oder unseren Standpunkt?« »Magst du ihn oder mich lieber?«

Solche Fragen verhindern wahre Gastfreundschaft, erlauben dem Fremden nicht, sich geborgen zu fühlen und seine eigenen Gaben zu entdecken. Gastfreundschaft ist mehr als ein Ausdruck von Liebe für den Gast. Sie ist auch und vor allem Ausdruck der Liebe unter den Gastgebern.

6. MÄRZ

Treue Gottes und Treue des Menschen

DAS GESCHENK DER ELTERNSCHAFT

Kinder sind kein Eigentum, das man als Besitzer verwaltet, sondern Gaben, die man hegt und pflegt. Kinder sind die wichtigsten Gäste ihrer Eltern. Sie betreten den Raum, der für sie geschaffen wurde und in dem sie zu Hause sind, verweilen darin eine Zeit lang – fünfzehn, zwanzig oder auch fünfundzwanzig Jahre – und nehmen dann Abschied, um sich ihren eigenen Raum zu schaffen und ihren eigenen Weg zu suchen.

Wenngleich Eltern von »unserem Sohn« und »unserer Tochter« sprechen, gehören die Kinder ihnen nicht. Eltern müssen ihre Kinder kennen lernen, deren Stärken und Schwächen entdecken, sie zu Reife und Verantwortung führen, um sie später eigene Entscheidungen treffen zu lassen.

Das größte Geschenk, das Eltern ihren Kindern machen können, ist die Liebe zueinander. Durch diese Liebe schaffen sie einen Raum, in dem sie ohne Angst aufwachsen können, Vertrauen zu sich selbst entwickeln und zu der Freiheit finden, einmal von zu Hause fort und ihren eigenen Lebensweg zu gehen.

7. MÄRZ

Treue Gottes und Treue des Menschen

Eine der schwierigsten Aufgaben im geistlichen Leben ist das Ablegen unserer Vorurteile. Es ist uns meist gar nicht bewusst, wie tief sie in uns verwurzelt sind. Wir meinen vielleicht, keine Unterschiede zwischen uns und anderen, die eine andere Hautfarbe, eine andere Religion, andere sexuelle Neigungen oder einen anderen Lebensstil haben, zu machen. In einer konkreten Situation aber verraten unser spontanes Denken, unsere unkontrollierten Äußerungen und Reaktionen immer wieder, dass wir durchaus nicht frei von Vorurteilen sind.

Fremde, Menschen, die anders sind als wir, erregen Furcht, Unbehagen, Misstrauen und wecken feindliche Gefühle. Sie beeinträchtigen unsere innere Sicherheit schon dadurch, dass sie »anders« sind. Nur wenn wir uns voll und ganz darauf verlassen, dass Gott uns bedingungslos liebt, und wir diese »anderen Menschen« als ebenso geliebt ansehen, werden wir verstehen können, dass die große Vielfalt des Menschseins ein Ausdruck des unermesslichen Reichtums des Herzens Gottes ist. Dann werden wir uns auch mehr und mehr von dem Zwang befreien, anderen mit Vorurteilen zu begegnen.

8. MÄRZ

Treue Gottes und Treue des Menschen

BARMHERZIGKEIT ÜBEN

Wir wenden viel Energie auf, um über andere ein Urteil zu fällen. Kein Tag vergeht, ohne dass nicht jemand etwas tut oder sagt, bei dem wir uns nicht genötigt sehen, eine Meinung über denjenigen oder diejenige zu äußern. Wir hören eine Menge, sehen eine Menge und wissen eine Menge. Das Empfinden, alles mit unserem Verstand »richtig« einordnen und beurteilen zu müssen, kann ausgesprochen hinderlich sein.

Die Wüstenväter, die im 4. und 5. Jahrhundert in der ägyptischen Wüste lebten, sagten: »Über andere zu richten ist eine drückende Last, gerichtet zu werden dagegen ist leicht.«

Stellen wir uns einmal vor, wir sähen keinen Grund mehr, über jemanden ein Urteil zu fällen, es drängte uns nicht mehr, zu werten und zu klassifizieren: Der oder die ist ein guter oder ein böser Mensch. Stellen wir uns einmal vor, wir wären vollkommen davon befreit, unsere Meinung über das sittliche Verhalten eines anderen äußern zu müssen. Würde uns das nicht zu großer innerer Freiheit führen? Sobald wir uns vom Richtenmüssen befreit haben, werden wir auch frei sein, um Nachsicht und Barmherzigkeit zu üben. Bedenken wir das Wort Jesu aus der Bergpredigt: »Richtet nicht, damit ihr nicht gerichtet werdet!« (Matthäusevangelium 7,1).

9. MÄRZ

Treue Gottes und Treue des Menschen

Jeden Tag geschieht so viel Schreckliches und Absurdes, dass wir uns manchmal fragen, ob das bisschen, das wir in unserer Umgebung tun können, überhaupt Sinn hat. Wenn Menschen nur ein paar tausend Kilometer von uns entfernt Hunger leiden, wenn Kriege nicht weit von unseren Grenzen toben, wenn Abertausende in unseren Großstädten kein Obdach haben, erscheinen unsere Anstrengungen bald nutzlos. So zu denken kann jedoch lähmen, uns niederdrücken und resignieren lassen.

Hier erhält das Wort »Berufung« große Bedeutung. Niemand ist dazu berufen und ausersehen, die Welt zu retten, alle Probleme zu lösen und allen Menschen zu helfen. Aber jeder hat eine eigene einmalige Berufung: in unserer Familie, in unserem Beruf, in unserer Welt. Wir müssen Gott immer wieder darum bitten, dass wir unsere Berufung klar erkennen und er uns die Kraft gibt, dieser Berufung in unserem Leben vertrauensvoll zu entsprechen. So werden wir sehen, dass es mehr denn je darauf ankommt, unserer Berufung treu zu bleiben, um die wenigen und kleinen Dinge gut zu tun, die uns aufgetragen sind, wie auch an der Freude und dem Frieden, die sie bringen, festzuhalten. Das ist die wirksamste und heilsamste Antwort auf die Krankheiten unserer Zeit.

ZUHÖREN ALS GEISTLICHE GASTFREUNDSCHAFT

Zuhören fällt sehr schwer, denn es gehört viel innere Festigkeit dazu, sich nicht stets durch kluge Reden, Argumente, Bemerkungen oder Erklärungen beweisen zu müssen. Gute Zuhörer fühlen sich nicht mehr gedrängt, zu erkennen zu geben, dass sie auch da sind. Sie sind frei und bereit zu empfangen, zu begrüßen und aufzunehmen.

Zuhören ist viel mehr, als einem anderen zu reden zu gestatten, währenddessen man selbst auf eine Gelegenheit der Erwiderung wartet. Zuhören bedeutet, anderen unsere uneingeschränkte Aufmerksamkeit zu schenken und sie in unserem Inneren zu begrüßen. Das Schöne des Zuhörens zeigt sich darin, dass diejenigen, denen zugehört wird, mehr und mehr das Gefühl erhalten, akzeptiert zu sein, die eigenen Worte ernster zu nehmen und dabei ihr wahres Ich zu entdecken. Zuhören ist eine Art geistliche Gastfreundschaft, durch die wir Fremde einladen, Freunde zu werden, ihr inneres Ich besser kennen zu lernen und es sogar zu wagen, mit uns zu schweigen.

DER GEIST JESU, DER IN UNS HÖRT

Zuhören ist im geistlichen Leben mehr als nur eine psychologische Strategie, anderen zu helfen, sich selbst zu entdecken. Im geistlichen Leben ist nicht das Ego, das gern sprechen würde, aber geübt ist, sich selbst zurückzuhalten, der Zuhörer, sondern der Geist Gottes in uns. Wenn wir im Geist getauft sind – das heißt, wenn wir den Geist Jesu als Atem von Gottes Atem in uns empfangen haben –, schafft dieser Geist einen heiligen Raum in uns, in dem der andere empfangen und ihm zugehört werden kann. Der Geist Jesu betet in uns und hört in uns allen zu, die mit ihrem Leib und ihrem Schmerz zu uns kommen.

Wenn wir es wagen, der Kraft des Geistes Gottes, der in uns hört, uneingeschränkt zu vertrauen, werden wir erfahren, dass wahre Heilung geschieht.

12. MÄRZ

Treue Gottes und Treue des Menschen

ABWESENHEIT, DIE ANWESENHEIT SCHAFFT

Es ist gut, Kranke zu besuchen, Sterbende, Gefangene, Behinderte und Einsame. Doch brauchen wir uns nicht schuldig zu fühlen, wenn unsere Besuche einmal kurz ausfallen müssen oder nur hin und wieder möglich sind. Oft stellen wir bei unseren Besuchen die Entschuldigung für unser seltenes Kommen und Beschreibungen unserer großen Zeitnot so sehr in den Vordergrund, dass sie uns daran hindern, wirklich beim andern zu sein, wenn wir bei ihm sind. Eine kurze Zeit, in der wir bei einem Kranken wirklich anwesend sind, ist mehr als ein lang sich hinziehender Besuch mit vielen Erklärungen darüber, warum wir nicht öfter kommen können.

Wenn wir es fertigbringen, bei unseren Besuchen bei Freunden wirklich anwesend zu sein, wird auch unsere Abwesenheit reiche Früchte bringen. Unsere Freunde werden sagen: »Es war sehr schön, dass er/sie mich besucht hat« und in unserer Abwesenheit das fortwirkende Geschenk unserer Anwesenheit entdecken.

13. MÄRZ

Treue Gottes und Treue des Menschen

FORTGEHEN, DAMIT DER GEIST KOMME

Oftmals tut sich Gottes Geist in unserer Abwesenheit kund. Als Jesus am Abend vor seinem Leiden von seinen Jüngern Abschied nahm, sagte er: »Es ist gut für euch, dass ich fortgehe. Denn wenn ich nicht fortgehe, wird der Beistand (der Geist) nicht zu euch kommen; gehe ich aber, so werde ich ihn zu euch senden... Wenn aber jener kommt, der Geist der Wahrheit, wird er euch in die ganze Wahrheit einführen« (Johannesevangelium 16,7.13).

Nur in Jesu Abwesenheit entdeckten seine Jünger die volle Bedeutung seiner Anwesenheit. Nur in seiner Abwesenheit verstanden sie vollständig seine Worte und erfuhren sie die volle Gemeinschaft mit ihm. Und auch nur in seiner Abwesenheit konnten sie sich in einer Gemeinschaft des Glaubens, der Hoffnung und der Liebe versammeln.

Wenn wir selbst daran festhalten, dass wir zu unseren Freunden im Namen Jesu kommen – dass ihnen Jesus Christus durch uns gegenwärtig wird –, dürfen wir darauf vertrauen, dass durch unser Fortgehen zu ihnen auch der Geist Jesu kommen wird. So kann nicht nur unsere Anwesenheit, sondern auch unsere Abwesenheit eine Gabe für andere sein.

14. MÄRZ

Treue Gottes und Treue des Menschen

BEISTEHEN

Einem Freund in Krankheit und Leid beizustehen ist nicht leicht. Es bringt uns in Verlegenheit, denn wir wissen dabei nicht recht, was wir tun oder sagen sollen. Es beschäftigt uns, wie wir auf das, was er uns sagt, antworten sollen. Wir sind versucht, schnell etwas zu sagen, das mehr unserer eigenen Ängstlichkeit entspringt als der Sorge um den leidenden Menschen vor uns. So sagen wir manchmal: »Ach ich glaube, es geht dir heute schon viel besser als gestern« oder: »Du wirst bestimmt bald wieder der alte sein!« oder auch: »Ich bin überzeugt, dass du darüber hinwegkommst.« Dabei wissen wir aber oft selbst, dass alles, was wir sagen, nicht ganz ehrlich gemeint ist – und unsere Freunde wissen es auch.

Wir dürfen einander nichts vormachen, sollten vielmehr einfach sagen: »Du weißt, dass ich dein Freund bin. Ich freue mich, bei dir zu sein.« Dies kann in Worten, mit einem Händedruck oder mit verständnisvollem Schweigen zum Ausdruck gebracht werden. Manchmal kann es besser sein zu sagen: »Du brauchst nichts zu sagen. Mach deine Augen zu. Ich bin bei dir, ich denke an dich, bete für dich und mag dich.«

15. MÄRZ

Treue Gottes und Treue des Menschen

DIE TUGEND DER BEWEGLICHKEIT

Bäume sehen im Vergleich zum Schilfrohr stark und standfest aus. Kommt aber ein Sturm, werden Bäume entwurzelt, während das Schilfrohr vom Wind zwar gebeugt, aber nicht entwurzelt wird. Kaum hat sich der Sturm gelegt, richtet sich das gebeugte Schilfrohr wieder auf.

Flexibilität, Beweglichkeit und Geschmeidigkeit sind eine große Tugend. Wenn wir auf unseren Positionen und Standpunkten steif verharren und nicht bereit sind, unser Herz vom Denken und Tun anderer ein wenig durchrütteln und beugen zu lassen, können wir bald einmal umknicken. Biegsam und geschmeidig wie ein Schilfrohr zu sein bedeutet aber nicht, »sein Mäntelchen nach dem Wind zu hängen«, »wachsweiche« Meinungen zu vertreten. Damit ist vielmehr gemeint, sich wohl etwas im Wind der Zeit zu wiegen, dabei aber fest im Boden verankert zu bleiben. Eine humorlose, unbeugsame, überspannt starrköpfige Haltung in Gegenwartsfragen einzunehmen könnte dazu führen, dass unser Geist »umgeknickt« wird und wir verbittern. Wir sollten flexibel, beweglich und geschmeidig sein, aber trotzdem fest verwurzelt.

16. MÄRZ

Treue Gottes und Treue des Menschen

DAS UMGEKNICKTE SCHILFROHR NICHT BRECHEN

Immer mehr Leute neigen dazu, Gegenstände, die leicht beschädigt sind, wegzuwerfen. Statt sie reparieren zu lassen, sagen sie: »Ach, es lohnt sich nicht, dafür ist mir die Zeit zu schade. Es ist besser, ich werfe es zum Abfall und kaufe mir etwas Neues.«

Manchmal gehen wir auch so mit Menschen um und sagen: »Ach, er hat Probleme mit dem Alkohol. Ach, sie leidet oft unter Depressionen. Ach, sie stehen vor dem Bankrott..., besser, ich halte mich ihnen gegenüber zurück.« Wenn wir Menschen aufgrund ihrer offensichtlichen Schwächen und ihrer Verletzbarkeit fallen lassen, behindern wir sie am Leben, denn wir ignorieren ihre Gaben, die oft in ihnen schlummern.

Wir alle sind wie ein geknicktes Schilfrohr, seien unsere Knickstellen sichtbar oder nicht. Ein mit-leidendes Leben ist von der Überzeugung geprägt, dass in Schwäche Stärke verborgen und wahre Gemeinschaft eine Gefolgschaft der Schwäche ist.

IN ARMUT ZUSAMMENKOMMEN

Es gibt viele Formen von Armut: wirtschaftliche Armut, leibliche Armut, Gefühlsarmut, geistige und geistliche Armut. Solange wir Wohlhabenheit, Gesundheit, Sicherheit, Intelligenz, Willensstärke in unseren Beziehungen den Vorrang einräumen, kann keine wahre Gemeinschaft entstehen. Gemeinschaft ist keine Talentshow, bei der wir die Welt mit unseren verschiedenen Gaben beeindrucken. Gemeinschaft ist der Ort, an dem unsere Armut erkannt und angenommen wird, nicht als etwas, das wir so gut wie möglich kopieren lernen müssen, sondern als wirkliche Quelle neuen Lebens.

Das Leben in der Gemeinschaft, in welcher Form auch immer – in der Familie, in der Pfarrei, in einer Selbsthilfegruppe oder irgendeiner Zweckgemeinschaft –, fordert uns heraus, am Ort unserer Armut zusammenzukommen in der Überzeugung, hier unseren Reichtum sichtbar machen zu können.

18. MÄRZ

Treue Gottes und Treue des Menschen

DER UNENDLICHE WERT DES LEBENS

Den einen ist ein langes Leben geschenkt, die anderen sterben sehr jung. Ist ein langes Leben besser als ein kurzes? Was wirklich zählt, ist nicht die Quantität unserer Lebensjahre, sondern ihre Qualität. Jesus war gut dreißig, als er getötet wurde. Therese von Lisieux war noch keine fünfundzwanzig, als sie nach schwerer Krankheit starb. Anne Frank war ein Teenager, als sie im KZ ihr Leben verlor. Aber das Leben aller drei ist für Generationen fruchtbar.

Ein langes Leben ist ein Segen, wenn es gut gelebt wird und zu Dankbarkeit, Weisheit und Heilung führt. Es gibt aber Menschen, deren Leben erfüllt ist, auch wenn ihre Zeit kurz war. Da wir heute viele junge Menschen sterben sehen – durch einen Unfall, an einem Krebsleiden, an AIDS –, sollten wir alles tun, um unsere jungen Freunde eindringlich davon zu überzeugen, dass ihr Leben, selbst wenn es kurz bemessen sein sollte, einen unendlichen Wert hat.

19. MÄRZ

Treue Gottes und Treue des Menschen

EIN STILLER ORT AUF DEM MARKT

»*L*asst ab und erkennt, dass ich Gott bin« (Psalm 46,11). Dieses Psalmwort sollten wir in der Hast unseres Lebens vor uns haben. Vielleicht denken wir dabei an Stille und Einkehr als Kontrast zu unserer lärmerfüllten Welt. Wir könnten aber auch weitergehen und innere Stille und Einkehr halten, selbst wenn wir vor dem Bildschirm sitzen, in der Schule unterrichten, am Reißbrett stehen, Kunden bedienen oder in Sitzungen sind.

Wir müssen darauf bedacht sein, einen Platz der Stille auf dem »Marktplatz« unseres Alltags zu bewahren, einen Ort, an dem Gott wohnen und zu uns sprechen kann. Es sollte zugleich der Ort sein, an dem wir mit allen, denen wir in der Hast unseres Alltags begegnen, sprechen und ihnen heilende Worte geben können. Ohne diesen Platz der Stille werden wir in kürzester Zeit ins »Trudeln« kommen, werden wir hin und her getrieben sein, plan- und ziellos über den »Marktplatz« unseres Alltags irren. In der Stille aber kann Gott zu uns kommen und uns in allem, was wir denken, sagen oder tun, freundlich zur Seite stehen.

20. MÄRZ

Treue Gottes und Treue des Menschen

UNS SELBST FREUND ODER FEIND SEIN?

Sind wir uns selbst Freund oder Feind? Akzeptieren wir den, der wir sind? Sich dies zu fragen ist für jeden sehr wichtig, denn wir können nur dann mit anderen Freundschaft schließen, wenn wir uns selbst Freund und nicht Feind sind.

Wie können wir uns selbst Freund sein? Wir müssen die Wahrheit über uns selbst zu erkennen beginnen: Wir sind Menschen mit Herz und Verstand, haben aber auch Grenzen, sind reich, aber auch arm, großzügig, aber auch besorgt um unsere Sicherheit. Darüber hinaus sind wir Menschen mit einer Seele, dem Funken des Göttlichen. Die Wahrheit über uns selbst erkennen heißt an der Heiligkeit unseres Seins festhalten, ohne sie vollkommen zu verstehen. Unser innerstes Sein entzieht sich dem eigenen geistigen oder emotionalen Zugriff. Wenn wir aber darauf vertrauen, dass unsere Seele in den Armen eines liebenden Gottes geborgen ist, können wir uns selbst Freund sein und anderen freundschaftlich entgegentreten.

21. MÄRZ

Treue Gottes und Treue des Menschen

WEGE ZUR SELBSTERKENNTNIS

»*E*rkenne dich selbst!« lautet ein guter Rat. Aber sich selbst zu erkennen heißt nicht, sich selbst zu analysieren. Manchmal möchten wir uns selbst so kennen, wie man eine Maschine kennt, die sich in alle Einzelteile zerlegen und wieder zusammensetzen lässt. In manchen kritischen Situationen unseres Lebens mag es nützlich sein, die Zusammenhänge zu erforschen, die zu dieser Krise geführt haben. Wir irren aber, wenn wir meinen, wir könnten die Bedeutung unseres Lebens uns selbst und anderen jemals vollständig erklären.

Alleinsein, Stille und Gebet erweisen sich oft als die besten Wege der Selbsterkenntnis, nicht weil sie Lösungen für die Komplexität unseres Lebens bieten, sondern weil sie uns mit unserer heiligen Mitte, in der Gott wohnt, in Berührung bringen. Dieser heilige Mittelpunkt darf nicht analysiert werden. Es ist der Ort der Anbetung, des Dankens und des Lobens.

22. MÄRZ

Treue Gottes und Treue des Menschen

UNSER ALLEINSEIN TEILEN

Ein Freund ist mehr als ein Psychotherapeut oder Beichtvater, wenngleich uns ein Freund manchmal durchaus heilen und die Vergebung Gottes gewähren kann.

Ein Freund ist dieser andere Mensch, mit dem wir unser Alleinsein, unsere Stille und unser Gebet teilen können; er ist dieser andere Mensch, mit dem wir einfach einen Baum betrachten und sagen können: »Ist der nicht schön!«, oder mit dem wir still am Strand sitzen und den Sonnenuntergang beobachten können. Einem Freund brauchen wir nicht etwas Besonderes zu sagen oder zu beweisen. Bei einem Freund dürfen wir schweigen und dabei wissen, dass Gott mit uns beiden ist.

FREUNDSCHAFT IN DER GRAUZONE UNSERES HERZENS

Es gibt eine Art Grauzone, ein im Halbdunkel liegender Bereich unseres Herzens, der sich unserem Einblick entzieht. Wenn wir auch eine Menge über uns selbst wissen, unsere Gaben und Schwächen, unsere ehrgeizigen Bestrebungen, Motive und Neigungen kennen, bleiben doch große Teile unseres Selbst im Schatten des Unbewussten.

Das ist ganz gut so. Es wird immer etwas geben, das für uns ein Geheimnis bleibt. Andere, vor allem Menschen, die uns nahestehen, können unsere Grauzonen meist besser erkennen als wir selbst. Andere sehen und verstehen uns anders, als wir uns selbst sehen und verstehen.

Wir werden nie vollständig wissen, was unsere Anwesenheit im Leben unserer Freunde ihnen bedeutet. Darin liegt eine Gnade; eine Gnade, die von uns nicht nur Demut verlangt, sondern auch ein großes Vertrauen zu denen, die uns lieben. Die Grauzone unseres Herzens ist der Ort, an dem wahre Freundschaft geboren wird.

24. MÄRZ

Treue Gottes und Treue des Menschen

HEILENDES BERÜHREN

Berühren, immer wieder berühren, lautet die Devise in der wortlosen Welt der Liebe. Als kleine Kinder werden wir viel berührt und gestreichelt, als Erwachsene kaum. Eine freundliche Berührung wirkt aber oft mehr als viele Worte. Ein liebevolles Streicheln unserer Wange, der Arm eines Freundes auf unserer Schulter, das Wegwischen unserer Tränen, ein Kuss auf unsere Stirn sind Gesten, die uns wirklich zu trösten vermögen. Solche Augenblicke des Berührens sind heilig. Sie richten auf, versöhnen, beruhigen, vergeben, heilen.

Alle, die Jesus berührten, und alle, die von Jesus berührt wurden, wurden geheilt. »Alle Leute versuchten, ihn zu berühren; denn es ging eine Kraft von ihm aus, die alle heilte« (Lukasevangelium 6,19). Wenn uns ein Freund spontan und ohne von uns Besitz ergreifen zu wollen, liebevoll berührt, ist es Gottes menschgewordene Liebe, die uns berührt, und Gottes Kraft, die uns heilt.

25. MÄRZ

Treue Gottes und Treue des Menschen

FREUNDE UNSERER KINDER WERDEN

Können Vater und Mutter zu Freunden ihrer Kinder werden? Viele Kinder verlassen ihre Eltern, um frei und unabhängig zu sein, und kehren selten zu ihnen zurück. Kehren sie zurück, so fühlen sie sich oft wieder wie Kinder und möchten deshalb nicht lange bleiben. Viele Eltern sorgen sich um das Wohl ihrer Kinder, nachdem sie von zu Hause fortgegangen sind. Kommen ihre Kinder zu Besuch, wollen sie wieder fürsorgende Eltern sein.

Eine Mutter kann aber auch die Tochter ihrer Tochter werden und ein Vater der Sohn seines Sohnes. Ebenso kann eine Mutter die Tochter ihres Sohnes und ein Vater der Sohn seiner Tochter werden und alle zusammen Freunde. Es gehört zu den schönsten Erfahrungen im Leben, wenn Eltern ihren Kindern Bruder und Schwester werden und Kinder ihren Eltern Vater und Mutter; wenn Bruder und Schwester Freunde sind und alle Mitglieder der Familie am Vatersein, Muttersein, Brudersein und Schwestersein je nach Zeit und Umständen teilhaben.

26. MÄRZ

Treue Gottes und Treue des Menschen

Unser Herz und unser Verstand sehnen sich nach Klarheit. Wir hätten gern ein klares Bild von einer Situation, einen klaren Überblick über Zusammenhänge und klare Einsicht in unsere eigenen Probleme und in die Probleme in der Welt. Aber so, wie in der Natur Farben und Formen keine klar verlaufenden Grenzlinien kennen und sich verwischen, hat auch das menschliche Leben nicht die Klarheit, die wir suchen. Die Grenzen zwischen Liebe und Hass, Gut und Böse, zwischen anziehend und abstoßend, Heldenmut und Feigheit, Fürsorge und Vernachlässigung, Ansehen und Schande sind meistens fließend, doppeldeutig und schwer nachzuziehen.

Es ist nicht leicht, in einer Welt voller Doppeldeutigkeit und Unklarheit glaubwürdig zu leben. Wir müssen lernen, klug zu unterscheiden, ohne zu meinen, nie irren zu dürfen.

27. MÄRZ

Treue Gottes und Treue des Menschen

WO WEINEN UND TANZEN SICH BERÜHREN

»Alles hat seine Stunde. Für jedes Geschehen unter dem Himmel gibt es eine bestimmte Zeit: eine Zeit zum Weinen und eine Zeit zum Tanzen« (Kohelet 3,1.4). Aber Weinen und Tanzen sind nie gänzlich voneinander getrennt. Ihre »Zeiten« folgen nicht zwangsläufig aufeinander. Die eine und die andere Zeit können zu einer einzigen »Zeit« werden. Weinen kann sich in Tanzen verwandeln und Tanzen in Weinen, ohne genau zu erkennen, wo das eine endet und das andere beginnt.

Oft erlaubt uns unsere Trauer, unseren Tanz zu gestalten, während unser Tanz den Raum für unsere Trauer schafft: Wir verlieren einen lieben Menschen, und inmitten unserer Tränen entdecken wir eine unbekannte Freude. Wir feiern einen Erfolg, und inmitten aller Festfreude empfinden wir tiefe Traurigkeit. Weinen und Tanzen, Trauern und Lachen, Traurigkeit und Fröhlichkeit gehören zusammen wie der Clown mit dem traurigen und der Clown mit dem fröhlichen Gesicht: Beide bringen uns zum Weinen wie zum Lachen.

Vertrauen wir darauf, dass die Schönheit unseres Lebens sich dort zeigt, wo Weinen und Tanzen sich berühren.

28. MÄRZ

Treue Gottes und Treue des Menschen

DER HERBST DES LEBENS

*U*nbeschreiblich ist die Farbenpracht des Herbstlaubs: dunkelrot, purpurn, goldgelb, dunkelbraun, hellbraun und viele andere Schattierungen und Kombinationen. Kaum aber hat es sich uns in seiner Pracht gezeigt, fallen die Blätter zu Boden, vertrocknen und vergehen. Die kahlen Bäume erinnern uns daran, dass der Winter vor der Tür steht.

Auch der Herbst des Lebens birgt die Möglichkeit, sich in großer Farbenpracht zu entfalten: Weisheit, Humor, Gelassenheit, Geduld und Freude können zum Leuchten kommen, bevor wir zu Boden fallen und vergehen.

Erinnern uns die kahlen Bäume auch an unseren Tod, so können wir doch dankbar sein für alle Schönheit, die wir sahen, und voll Hoffnung einen neuen Frühling erwarten.

EIN LÄCHELN, DAS DIE TRÄNEN BEGLEITET

Sterben ist ein allmähliches Abnehmen und Versinken am Horizont des Lebens. Beobachten wir ein Segelboot, das den Hafen verlässt, die hohe See erreicht und dem Horizont entgegensteuert, wird es in unseren Augen bald kleiner und kleiner werden und plötzlich ganz verschwunden sein. Wir können aber darauf vertrauen, dass einer an einem anderen, weit entfernten Ufer steht und sieht, wie dieses Boot größer und größer wird und schließlich den neuen Hafen erreicht hat.

Tod ist ein schmerzlicher Verlust. Kommen wir von einer Beerdigung heim, ist unser Herz voll Trauer. Denken wir aber an den, der am anderen Ufer brennend darauf wartet, unseren Vater, unsere Mutter, unseren Bruder, unsere Schwester, unseren Freund und unsere Lebensgefährtin in einem neuen Daheim willkommen zu heißen, kann ein Lächeln unsere Tränen begleiten.

30. MÄRZ

Treue Gottes und Treue des Menschen

REISEN MIT DEN AUGEN GOTTES

Reisen – neue Aussichten genießen, neue Musik hören und neue Menschen treffen – ist aufregend und anregend. Hätten wir aber kein Zuhause, wohin wir zurückkehren können, wo uns jemand fragt: »Wie war deine Reise?«, würde es uns wohl nicht mehr so sehr in die Fremde ziehen. Reisen macht froh, wenn wir es mit den Augen und Ohren derer tun, die uns lieben, die unsere Fotos sehen und unsere Erlebnisse hören möchten.

Nicht anders verhält es sich mit unserem Leben. Ein liebender Gott hat uns auf eine Reise geschickt. Er wartet zu Hause auf unsere Rückkehr und brennt darauf, unsere Fotos, die wir gemacht haben, zu sehen und von den Menschen zu hören, denen wir begegnet sind. Reisen wir mit den Augen und Ohren Gottes, der uns auf die Reise geschickt hat, werden wir wunderbare Aussichten genießen, wunderbare Klänge hören und wunderbare Menschen treffen – und glücklich sein, heimkehren zu können.

31. MÄRZ

Treue Gottes und Treue des Menschen

APRIL

In die Welt gesandt

ANMUTIGE SCHÜCHTERNHEIT

Zurückhaltung, Schüchternheit, hat einen Hauch von Anmut, wenngleich sie von unserer Kultur nicht als Tugend geschätzt wird. Vielmehr gilt es, geradeheraus zu sein, den Leuten in die Augen zu schauen, ihnen ins Gesicht zu sagen, was wir denken, und zwar ohne dabei mit der Wimper zu zucken.

Aber diese hemmungslose Offenheit, diese ständige Bekennerhaltung nutzen sich ab, werden in kurzer Zeit langweilig. Es ist nicht anders als bei Bäumen, die keinen Schatten werfen. Schüchterne, zurückhaltende Menschen haben lange Schatten, in denen sie viel von ihrer Schönheit vor zudringlichen Blicken verbergen. Schüchterne Menschen erinnern uns an das Geheimnis des Lebens, das sich nicht einfachhin erklären oder ausdrücken lässt. Sie laden uns ein zu einer Freundschaft in Würde und gegenseitigem Respekt sowie zu einem Zusammensein in Sympathie, das keiner vielen Worte bedarf.

1. APRIL

In die Welt gesandt

DIE WÜRDE DES GEBENS UND NEHMENS

»*N*iemand ist so arm, dass er/sie nichts zu geben hätte; und niemand so reich, dass er/sie nichts annehmen müsste.« Dieser Ausspruch Papst Johannes Pauls II. zeigt allen, die für den Frieden arbeiten wollen, deutlich die Richtung an. Frieden ist undenkbar, solange die Welt in zwei Gruppen geteilt ist: in die einen, die geben, und die anderen, die nehmen.

Wahre menschliche Würde schließt das Geben wie das Nehmen ein. Dies gilt nicht nur für einzelne Personen, sondern ebenso für Nationen, Kulturen und Religionen.

Eine wahre Friedensvision achtet auf ein ständiges gegenseitiges Geben und Nehmen. Geben wir niemals etwas, ohne uns zu fragen, was wir von denjenigen erhalten, denen wir geben; und nehmen wir niemals etwas entgegen, ohne uns zu fragen, was wir denjenigen zu geben haben, von denen wir erhalten.

2. APRIL

In die Welt gesandt

ANNEHMEN KÖNNEN

Annehmen fällt oft schwerer als geben. Geben ist sehr wichtig: Einsicht geben, Hoffnung geben, Trost geben, Halt geben, Rat geben, Unterstützung geben, finanzielle Hilfe geben, vor allem aber uns selbst geben. Ohne Geben gibt es keine Brüder- und Geschwisterlichkeit.

Doch Annehmen ist ebenso wichtig, weil wir durch das Annehmen dem Geber deutlich machen, dass er ein Geschenk anzubieten hat. Sagen wir: »Vielen Dank! Du hast mir Hoffnung gegeben. Vielen Dank, du hast mir einen Grund zum Leben gegeben. Vielen Dank, du hast es mir ermöglicht, einen Traum zu verwirklichen«, so machen wir dem Geber bewusst, wie wichtig und wertvoll uns seine Gabe ist. Es genügt oft schon ein Blick dessen, der empfangen hat, durch den ein Geber erkennt, dass es ein Geschenk war, das er überreicht hat.

3. APRIL

In die Welt gesandt

ES WAGEN, ABHÄNGIG ZU SEIN

Schenkt uns jemand eine Uhr, und wir tragen sie nicht, wurde die Uhr eigentlich nicht angenommen. Macht uns jemand einen Vorschlag, und wir gehen nicht auf ihn ein, wurde der Vorschlag im Grunde nicht angenommen. Stellt uns jemand einen Freund vor, und wir übersehen ihn, muss er sich von uns nicht ganz akzeptiert fühlen.

Etwas anzunehmen ist eine Kunst. Es bedeutet, einem anderen zu gestatten, Teil unseres Lebens zu werden; und sich von einem anderen abhängig zu machen. Nur aus einem Gefühl inneren Friedens heraus können wir sagen: »Ohne dich wäre ich nicht der, der ich bin!« Etwas von Herzen annehmen zu können ist deshalb ein Zeichen von Demut und Liebe. Viele Menschen fühlen sich dadurch tief verletzt, dass sie ein Geschenk machten, das nicht richtig angenommen wurde. Lasst uns Menschen sein, die von Herzen annehmen können!

4. APRIL

In die Welt gesandt

IN GOTT VERWURZELT

Bäume, die hoch in den Himmel wachsen, haben tiefe Wurzeln. Große Höhe ohne große Tiefe ist gefährlich. Große Gestalten wie Franz von Assisi, Mahatma Gandhi oder Martin Luther King waren Menschen, bei denen sich hohes Ansehen, Einfluss und Macht mit einer Haltung der Demut verbanden, weil sie aus tiefen geistlichen Wurzeln lebten.

Ohne tiefe Wurzeln unterliegen wir leicht der Gefahr, andere bestimmen zu lassen, wer wir sind. Denn indem wir uns an unsere Popularität, an unsere Geltung in der Öffentlichkeit klammern, könnte unser eigentliches Selbstverständnis Einbuße erleiden. Unser ängstliches Achten auf die Meinungen anderer enthüllt, wie oberflächlich wir sind. Wir haben wenig festen Boden unter den Füßen, müssen uns durch Schmeicheleien und Lobreden aufrechterhalten. Wer in der Liebe Gottes tief verwurzelt ist, vermag sich über menschliches Lob zu freuen, ohne sich daran zu klammern.

5. APRIL

In die Welt gesandt

DEMÜTIG UND VOLL VERTRAUEN

Betrachten wir in einer klaren Nacht den Sternenhimmel, und versuchen wir, uns eine der vielen Galaxien vorzustellen, die die Milchstraße bilden – nach vorsichtiger Schätzung gibt es hundert Millionen Galaxien, jede ein ganzes Universum, im Vergleich zu dem unsere Erde ein verlorener Punkt am hinteren Ende der Milchstraße ist –, fühlen wir uns bald so klein und unbedeutend, dass alles, was wir tun, sagen oder denken, vollkommen sinnlos erscheint. Schauen wir aber in unsere Seele hinein und versuchen wir, den vielen Galaxien unseres inneren Lebens nachzugehen, werden wir so groß und bedeutend, dass alles, was wir tun, sagen oder denken, großes Gewicht zu haben scheint.

Wir müssen in beide Richtungen blicken, um sowohl Demut als auch Vertrauen zu bewahren, um humorvoll als auch ernst, locker als auch verantwortungsbewusst zu bleiben. Ja, der Mensch ist sehr klein und sehr groß. Dieses Spannungsverhältnis hält uns geistig und geistlich wach.

6. APRIL

In die Welt gesandt

ZUR FREUDE ZURÜCKFINDEN

Es gibt Zeiten, in denen unsere Sorgen so übermächtig werden, dass uns jeder Sinn für Freude fehlt. Das Leben erscheint uns wie ein mit Krieg, Gewalt, Ablehnung, Verlassenheit und unzähligen Enttäuschungen bis zum Rand gefüllter Becher.

In solchen Zeiten brauchen wir gute Freunde, um uns daran zu erinnern, dass guter Wein aus gepressten Trauben gewonnen wird. Es fällt uns vielleicht schwer, darauf zu vertrauen, dass aus unseren Sorgen Freude hervorgehen kann. Fangen wir aber an, die Richtung einzuschlagen, die uns unsere Freunde weisen – wenn wir auch den wahren Sinn ihrer Worte vielleicht noch nicht verstehen –, wird die Freude, die verloren schien, wiederkehren und unsere Sorgen erträglicher machen.

7. APRIL

In die Welt gesandt

VOM ANKLAGEN ZUM VERGEBEN

Den größten Schmerz bereiten uns oft gerade diejenigen, die uns lieben und die wir selbst lieben. Die Beziehungen zwischen Gatte und Gattin, Eltern und Kindern, Bruder und Schwester, Lehrer und Schülern, Vorgesetzten und Untergebenen bilden die Stelle, an der uns die tiefsten Wunden zugefügt werden. Noch lange danach und selbst dann, wenn die, welche uns verletzt haben, längst gestorben sind, suchen wir oft noch Hilfe, um herauszufinden, was damals geschah und warum es uns so getroffen hat.

Wir neigen dazu, diejenigen, die uns am nächsten standen, als Schuldige unserer gegenwärtigen Situation anzuklagen, und sagen: »Du hast mich zu dem, der ich heute bin, gemacht. Und ich hasse den, der ich bin.« Es ist eine große Herausforderung und verlangt viel Mut von uns, die eigenen Verletzungen zu erkennen und uns an unser wahres Selbst zu halten statt an die Folgen des Verhaltens anderer uns gegenüber. Nur dann, wenn wir uns an unser Gottgeschaffenes Selbst als die wahre Ursache unseres Seins halten, werden wir die Freiheit finden, denen zu vergeben, die uns verletzt haben.

8. APRIL

In die Welt gesandt

DEM LEIDEN AUSGELIEFERT

Menschen, die sich nahe sind, können einander viel Leid zufügen. Als Jesus seinen engsten Jüngerkreis, die zwölf Apostel, auwählte, war Judas einer von ihnen. Er wird der »Verräter« genannt. Zum Verräter wird der, welcher einen anderen – entsprechend der wörtlichen Bedeutung des griechischen Wortes für »verraten« = »im Stich lassen« – dem Tode oder dem Leiden ausliefert.

Es ist wahr, dass bei jedem von uns gewisse Züge eines Verräters zu finden sind, weil jeder einmal einen Mitmenschen irgendwie und irgendwann und oft, ohne es zu wollen oder zu wissen, dem Leiden ausliefert. Viele Kinder können – selbst wenn sie längst erwachsen sind – noch einen tiefen Groll gegenüber ihren Eltern empfinden, weil sie sich um sie zuviel oder zuwenig gekümmert haben. Wenn wir bereit sind, uns einzugestehen, dass wir die, die wir lieben, oft dem Leiden ausgeliefert haben – selbst entgegen unseren besten Absichten –, werden wir auch um so mehr bereit sein, denjenigen zu vergeben, die uns – selbst entgegen ihrem Willen – Schmerz zugefügt haben.

9. APRIL

In die Welt gesandt

UNSERE GEISTLICHEN BEGLEITER LIEBEN

Religiöse Führer, Priester, Seelsorger, geistliche Meister, Rabbis und Imams können bewundert und verehrt, aber ebenso gehasst und verachtet sein. Wir erwarten von unseren geistlichen Leitern, dass sie uns durch ihr Gebet, ihre Lehre und Weisung näher zu Gott führen. Deshalb achten wir genau auf ihr Verhalten und hören mit kritischen Ohren auf ihre Worte. Aber gerade weil wir von ihnen als Menschen – oft ohne dies genau zu realisieren – etwas mehr als von uns als gewöhnliche Menschen erwarten, sind wir bald enttäuscht oder fühlen uns gar verraten, wenn wir sehen, dass sie ebenso Mensch sind wie wir. Und im Handumdrehen schlägt unsere uneingeschränkte Bewunderung in ungehemmten Zorn um.

Bemühen wir uns, unseren geistlichen Begleitern und Ratgebern Liebe und Nachsicht entgegenzubringen, ihnen Fehler zu vergeben und sie als Bruder und Schwester zu sehen. Auf diese Weise werden wir es ihnen möglich machen, uns trotz ihrer Schwachheit dem Herzen Gottes näher zu bringen.

10. APRIL

In die Welt gesandt

AUTORITÄT UND GEHORSAM

Autorität und Gehorsam unterscheiden sich niemals in der Weise, dass die einen über alle Autorität verfügen und die anderen nur zu gehorchen haben. Solch eine Trennung führt auf der einen Seite zu autoritärem Verhalten und auf der anderen Seite zu einer Fußabstreifer-Mentalität und entspricht einer verkehrten Auffassung von Autorität und Gehorsam. Ein Mensch mit großer Autorität, der niemandem gegenüber gehorsam sein muss, ist geistlich sehr gefährdet. Ein sehr gehorsamer Mensch, der keine Autorität über jemanden hat, ist nicht weniger bedroht.

Jesus sprach mit großer Autorität und Vollmacht, aber sein ganzes Leben war von einem vollkommenen Gehorsam gegenüber seinem Vater bestimmt; und Jesus, der zu seinem Vater sagte: »Nicht wie ich will, sondern wie du willst« (Matthäusevangelium 26,39), war alle Autorität gegeben »im Himmel und auf der Erde« (ebd. 28,18).

Stellen wir uns selbst immer wieder die Frage: Leben wir unsere Autorität im Gehorsam, und leben wir unseren Gehorsam mit Autorität?

11. APRIL

In die Welt gesandt

Meistens halten wir Menschen, die über große Autorität verfügen, für höhergestellt, für von uns weit entfernt und für unnahbar. Geistliche Autorität kommt aber von Mit-Leiden, von mitleidender Anteilnahme und entspringt einer tiefen inneren Solidarität mit denjenigen, die das »Objekt« der Autorität sind, mit denjenigen nämlich, die ihr unterstellt sind. Derjenige, der ganz und gar wie wir ist, der unsere Freude und unser Leid, unser Hoffen und Sehnen versteht und der bereit und gewillt ist, mit uns zu gehen, dem übertragen wir gern Autorität und unterstellen uns ihr bereitwillig.

Mit-leidende Autorität ermächtigt, ermutigt, weckt verborgene Gaben und Talente und ermöglicht, dass Großes geschehen kann. Wahre geistliche Autoritäten haben an der Spitze eines auf dem Kopf stehenden Dreiecks ihren Platz, unterstützen und stellen jeden ins Licht, dem sie ihre Führung anbieten.

12. APRIL

In die Welt gesandt

HIRTE UND SCHAF

Geistliche Leitung findet ihr Vorbild in der Leitung des Guten Hirten. Wie Jesus im Gleichnis sagt, kennen gute Hirten ihre Schafe und ihre Schafe kennen sie (vgl. Johannesevangelium 10,14). Das Verhältnis zwischen einem Hirten und seinen Schafen muss von wirklicher Gegenseitigkeit bestimmt sein. So wie ein guter geistlicher Leiter oder Seelsorger die Seinen kennt, so kennen die Seinen ihn – gegenseitiges Vertrauen, gegenseitige Offenheit, gegenseitige Fürsorge und gegenseitige Achtung erhalten ihre Beziehung. Wir brauchen uns nicht zu fürchten, unseren geistlichen Leitern zu folgen; und um diejenigen, die uns folgen, zu leiten, brauchen wir deren Ermutigung und Unterstützung.

Jesus nannte sich selbst der Gute Hirt, um die enge Beziehung zwischen denjenigen deutlich zu machen, die führen, und den anderen, die ihnen vertrauen und folgen. Ohne diese Nähe wird Führung leicht zur Unterdrückung.

13. APRIL

In die Welt gesandt

GEISTLICHE LEKTÜRE

Eine wichtige Einübung in geistliches Leben ist die geistliche Lektüre. Durch sie bestimmen wir mit, was in unser Bewusstsein dringt. Täglich werden wir von der Welt, in der wir leben, mit Bildern und Wörtern überschüttet.

Doch wollen wir wirklich, dass unser Bewusstsein zum Müllschlucker der Welt wird? Wollen wir uns mit Dingen vollstopfen lassen, die uns verwirren, erregen, bedrücken, erschrecken und abweisen oder anziehen, ob es gut für uns ist oder nicht? Möchten wir andere entscheiden lassen, was in uns eindringt und unser Denken und Empfinden bestimmt?

Selbstverständlich wollen wir das nicht, aber es bedarf wirklicher Disziplin, Gott und nicht die Welt zum Herrn unseres Denkens werden zu lassen. Und es verlangt von uns, nicht nur arglos zu sein wie die Tauben, sondern auch klug wie die Schlangen (vgl. Matthäusevangelium 10,16). Geistliche Lektüre ist solch eine wirksame Disziplin. Wenn wir täglich wenigstens eine Viertelstunde für die Lektüre eines geistlichen Buches erübrigen könnten, um uns inspirieren zu lassen, würden wir bald feststellen, dass unser Bewusstsein kein Müllschlucker mehr sein muss, sondern mehr und mehr ein Gefäß voll guter Gedanken wird.

14. APRIL

In die Welt gesandt

GEISTLICH LESEN

Viele, wenn nicht die meisten Menschen lesen, um ihren Wissensdurst zu stillen oder ein bestimmtes Interesse zu befriedigen. Wollen wir wissen, wie man ein Auto repariert, ein bestimmtes Gericht zubereitet, ein Gartenhaus baut, einem behinderten Menschen hilft, einen Vortrag hält und so fort, müssen wir eine bestimmte Menge lesen. Geistliche Lektüre ist jedoch etwas anderes; sie besteht nicht nur darin, über geistliche Menschen und geistliche Themen zu lesen, sondern bedeutet auch, *geistlich zu lesen*, das heißt, in geistlicher Weise zu lesen. Geistlich liest, wer mit dem Verlangen liest, Gott näher zu kommen.

Der Zweck geistlicher Lektüre liegt nicht darin, Wissen oder Information zu erwerben, sondern Gottes Geist über uns verfügen zu lassen und uns bei der Lektüre immer wieder zu fragen: »Was will mir Gott hier sagen, und was bedeutet es für mich, um zu größerer Liebe zu finden?«

Die entscheidende Frage ist nicht, was wir lesen, sondern *wie* wir etwas lesen. Geistlich lesen heißt andächtig lesen, mit innerer Aufmerksamkeit für die Regungen des Geistes Gottes in unserem äußeren und inneren Leben.

15. APRIL

In die Welt gesandt

DAS WORT FLEISCH WERDEN LASSEN

Geistliche Lektüre ist Nahrung für unser inneres Leben. Wenn wir einen Abschnitt aus der Heiligen Schrift oder ein geistliches Buch lesen und die Worte langsam unser Herz und unseren Geist durchdringen lassen, werden wir andere Menschen. Das Wort wird nach und nach Fleisch in uns und verändert dadurch unser ganzes Sein. Somit ist geistliche Lektüre eine fortwährende Inkarnation des göttlichen Wortes in uns. In und durch Jesus, den Christus, wurde Gott vor langer Zeit Fleisch. In und durch unsere Lektüre von Gottes Wort und durch das Bedenken seines Wortes wird Gott hier und jetzt Fleisch in uns und macht uns so zu einem lebendigen Christus für die heutige Zeit.

Lesen wir immer wieder Gottes Wort mit Liebe und großer Ehrfurcht.

16. APRIL

In die Welt gesandt

IN UNSERE FREIHEIT HINEINWACHSEN

Wahre Freiheit besteht in der Freiheit der Kinder Gottes. Um diese Freiheit zu erlangen, bedarf es einer lebenslangen Disziplin, denn viele Kräfte in unserer Welt bekämpfen sie. Die politischen, wirtschaftlichen, gesellschaftlichen und selbst religiösen Mächte umzingeln uns und wollen uns unterwerfen, um ihren Geboten folgen zu müssen und von ihren Belohnungen abhängig zu sein.

Aber die geistliche Wahrheit, die uns zur Freiheit führt, besagt, dass wir nicht der Welt gehören, sondern Gott, dessen geliebte Söhne und Töchter wir sind. Bemühen wir uns um ein Leben, das uns durch Wort und Tat zu dieser Wahrheit zurückführt, werden wir mehr und mehr in unsere wahre Freiheit hineinwachsen.

17. APRIL

In die Welt gesandt

DER GEIST WIRD IN UNS REDEN

Wenn wir in geistlicher Weise frei sind, brauchen wir uns darüber keine Sorgen zu machen, was wir in einer unerwarteten, schwierigen Situation sagen oder tun sollen. Wenn wir uns nicht darum kümmern, was andere von uns denken oder was das, was wir tun, uns einbringen wird, werden uns die richtigen Worte und das richtige Handeln von innen her zukommen; denn der Geist Gottes, der uns als Kinder Gottes frei macht, wird durch uns reden und handeln.

Jesus sagt: »Wenn man euch vor Gericht stellt, macht euch keine Sorgen, wie und was ihr reden sollt; denn es wird euch in jener Stunde eingegeben, was ihr sagen sollt. Nicht ihr werdet dann reden, sondern der Geist eures Vaters wird durch euch reden« (Matthäusevangelium 10,19f).

Vertrauen wir auf den Geist Gottes, der in uns ist, damit wir in einer Welt, die uns »vor Gericht stellen« und uns verurteilen will, als freie Menschen leben können.

18. APRIL

In die Welt gesandt

FREIHEIT ZIEHT AN

Sind wir in unserem Inneren frei, dann rufen wir auch andere zur Freiheit auf, ob wir uns dessen bewusst sind oder nicht. Freiheit wirkt anziehend, wo immer sie erscheint. Ein freier Mensch schafft einen Raum, in dem andere sich sicher fühlen und verweilen möchten. Unsere Welt konfrontiert uns mit so vielen Bedingungen, Forderungen, Ansprüchen und Verpflichtungen, dass wir uns ständig fragen, was von uns erwartet wird. Treffen wir aber einen wahrhaft freien Menschen, so wissen wir, dass er keine Erwartungen an uns hat, sondern nur eine Einladung, in uns zu gehen und in unserem Inneren unsere eigene Freiheit zu entdecken.

Wo wahre innere Freiheit ist, da ist Gott. Und wo Gott ist, da möchten wir sein.

19. APRIL

In die Welt gesandt

HEILENDE WIDERSPRÜCHE

Die vielen Widersprüche, mit denen wir leben – zum Beispiel daheim zu sein und sich dabei heimatlos zu fühlen, viel beschäftigt zu sein und dabei Langeweile zu empfinden, bekannt zu sein und dabei an Einsamkeit zu leiden, zu glauben und dabei viele Zweifel zu haben, können uns frustrieren, irritieren, ja mutlos machen. Sie geben uns das Gefühl, nie ganz anwesend zu sein. Jede Tür, die sich uns öffnet, zeigt uns, wie viele andere geschlossen sind.

Aber es gibt eine andere Antwort. Dieselben Widersprüche können uns mit einer tieferen Sehnsucht in Berührung bringen: nach Erfüllung eines Verlangens, das neben allem Verlangen steht und nur Gott zu befriedigen vermag. Widersprüche, die in dieser Weise verstanden werden, schaffen die Reibung, die uns zu Gott hinbewegt.

20. APRIL

In die Welt gesandt

UNSERE BEGEHREN ORDNEN

Sprechen wir von Begehren oder Begierde, so meist im Sinne von »böser Begierde«, durch die der Mensch sich oder anderen Schaden zufügt und die überwunden werden muss. Doch Sein ist Begehren: Unser Körper, unser Verstand, unser Herz und unser Geist sind voller Begierden. Manche dieser Begierden sind aufsässig, ungestüm und aufwühlend, manche lassen uns tiefe Gedankengänge anstellen und große Visionen schauen; manche lehren uns zu lieben, manche veranlassen uns zur Suche nach Gott.

Unser Begehren, unser Sehnen nach Gott sollte alles andere Begehren und Sehnen leiten. Wäre es nicht so, würden unser Körper, unser Verstand, unser Herz und unser Geist sich gegenseitig befeinden, und unser inneres Leben endete im Chaos; Verzweiflung und Selbstvernichtung wären die Folge.

Geistliche Methoden und Übungen sind keine Mittel, alle unsere Begierden und Sehnsüchte auszulöschen, sondern sie zu ordnen, damit sie einander nützen und gemeinsam Gott dienen.

21. APRIL

In die Welt gesandt

VIELE WÜNSCHE

Manchmal verhalten wir uns wie Kinder in einem Spielzeugladen. Wir möchten dieses und jenes und vielleicht noch etwas anderes. Die vielen Wahlmöglichkeiten verwirren uns und stiften in uns große Unruhe. Sagt uns jemand: »Was möchtest du gern? Du kannst dir etwas aussuchen. Sieh dich um!«, wissen wir nicht, wofür wir uns entscheiden sollen.

Solange unser Herz von diesen vielen Wünschen hin und her gerissen wird, werden wir zu keinem inneren Frieden und keiner inneren Freude finden und im Leben nicht vorwärts kommen. Daher müssen wir innere und äußere Disziplin üben, um diese Wünsche fallen zu lassen und zu unserer eigentlichen Sendung im Leben zu finden.

22.APRIL

In die Welt gesandt

IN DIE WELT GESANDT

Jeder einzelne hat im Leben eine Sendung, den Grundauftrag, Gottes Heilshandeln zeichenhaft in der Welt darzustellen und zu vermitteln. Jesus betete zu seinem Vater für seine Jünger: »Wie du mich in die Welt gesandt hast, so habe auch ich sie in die Welt gesandt« (Johannesevangelium 17,18).

Wir machen uns selten ganz klar, dass wir gesandt sind, um einen von Gott erteilten Auftrag zu erfüllen. Wir tun so, als hätten *wir* zu wählen, wie, wo und mit wem wir leben. Wir tun so, als wären wir einfach auf die Erde gefallen und hätten nur zu entscheiden, wie wir uns bis zu unserem Ende amüsieren können. Doch Gott hat uns genauso wie Jesus Christus in die Welt gesandt. Sobald wir in dieser Überzeugung zu leben beginnen, wird es uns mehr und mehr klar werden, wozu wir gesandt wurden.

EINE SENDUNG ERFÜLLEN

Wenn wir unser Leben als Mission, als Sendung verstehen, werden wir auch erkennen, dass es ein Zuhause gibt, von dem wir ausgesandt wurden und zu dem wir zurückkehren müssen. Wir beginnen, uns selbst als Menschen zu betrachten, die sich in einem fernen Land befinden, um eine Botschaft zu überbringen oder an einem Projekt mitzuwirken, doch nur für eine bestimmte Zeit. Ist die Botschaft überbracht und das Projekt abgeschlossen, möchten wir heimkehren, um von unserer Sendung Bericht zu erstatten und von unserer Arbeit auszuruhen.

Es gehört zu den wichtigsten geistlichen Disziplinen, mehr und mehr verstehen zu lernen, dass unser Leben Jahre »in einer bestimmten Mission« sind.

24. APRIL

In die Welt gesandt

DIE ANTWORT AUF UNSERE FRAGE

Wir verwenden viel Zeit und Energie, um Fragen zu stellen. Ist es das wert? Es ist immer vernünftig, sich zu fragen, warum wir fragen. Brauchen wir bestimmte Informationen? Möchten wir zeigen, dass jemand im Unrecht ist? Möchten wir unser Wissen erweitern? Möchten wir an Weisheit gewinnen? Möchten wir einen Weg zur Heiligung gewiesen bekommen?

Denken wir über *diese* Fragen nach, bevor wir unsere Fragen stellen, werden wir feststellen, dass wir weniger Zeit und Energie für unsere Fragen brauchen. Vielleicht haben wir schon die Information. Vielleicht brauchen wir gar nicht zu zeigen, dass jemand im Unrecht ist. Bei vielen Fragen dürfte sich erweisen, dass wir die Antworten längst haben, zumindest dann, wenn wir aufmerksam auf unser Herz hören.

25. APRIL

In die Welt gesandt

EINE FRAGE VON OBEN

Was ist eine geistliche Frage? Es ist eine Frage »von oben«. Die meisten Fragen, die die Jünger Jesus stellten, sind Fragen »von unten«, so auch die Frage der Frau des Zebedäus, die mit ihren Söhnen zu Jesus kam und vor ihm niederfiel: »Versprich, dass meine beiden Söhne in deinem Reich rechts und links neben dir sitzen dürfen« (Matthäusevangelium 20,21). Jesus antwortete auf dieses Ansinnen nicht, weil es eine Frage »von unten« war, die einer weltlichen Gesinnung entsprang.

Jesus beantwortete eine ihm gestellte Frage oft mit einer Gegenfrage, wie bei Johannes und Jakobus, die wissen wollten, ob sie einen besonderen Platz im Himmelreich erhalten werden. Er erwiderte ihnen: »Könnt ihr den Kelch trinken, den ich trinken werden?« (Matthäusevangelium 20,22). Das ist eine Frage »von oben«, eine aus der Perspektive Gottes gestellte Frage. Wir müssen darauf achten, geistliche Fragen zu stellen, wenn wir eine geistliche Antwort wünschen.

26. APRIL

In die Welt gesandt

SCHREIBEN, UM DEN TAG ZU RETTEN

Schreiben kann eine wirkliche geistliche Übung sein, denn es ist ein Hören auf das, was in mir ist. Schreiben kann uns helfen, uns auf die tieferen Regungen unseres Herzens zu konzentrieren und mit ihnen in Kontakt zu kommen; Schreiben kann zu einem Klärungsprozess für unsere ungeordneten Gedanken und Empfindungen werden; Schreiben regt an, über unsere Erfahrungen nachzudenken und Erlebtes in eine klare Form zu bringen, besondere Ereignisse in unserer Erinnerung festzuhalten. Schreiben kann auch für andere, die das von uns Niedergeschriebene lesen möchten, wichtig sein.

Sehr oft kann ein schwieriger, anstrengender oder unbefriedigender Tag dadurch »gerettet« werden, dass wir über ihn schreiben. Durch das Niederschreiben können wir vollständiger festhalten, was wir erlebt haben, und es auch vollständiger in den Ablauf unserer Tage einordnen. Schreiben kann dann für uns und manchmal auch für andere »überlebensnotwendig« sein.

27. APRIL

In die Welt gesandt

SCHREIBEN: EINE TIEFE QUELLE ERSCHLIESSEN

Schreiben bedeutet nicht nur, flüchtige Gedanken festzuhalten. Wie oft sagen wir: »Ich weiß nicht, was ich schreiben soll. Ich habe keine Gedanken, die sich lohnen, aufgeschrieben zu werden.«

Aber vieles Geschriebene von Gewicht ergibt sich erst aus dem Vorgang des Schreibens selbst. Wenn wir uns einfach an den Tisch setzen, ein Blatt Papier nehmen und darauf in Worten festzuhalten beginnen, was unseren Geist und unser Herz bewegt, fällt uns manches Neue ein, das uns selbst überrascht und uns an innere Orte führt, von denen wir vorher kaum etwas wussten.

Einer der befriedigendsten Aspekte des Schreibens liegt darin, dass wir dabei auf tiefe, in uns verborgene Quellen stoßen und sie zum Fließen bringen, zur Freude für uns und für andere. »Was wir nicht aufschreiben«, hat der Schriftsteller Hermann Kesten gesagt, »ist umsonst gelebt, ist wie nie gewesen ... Ich sah Menschen an und formulierte sie exakt. Wer immer mir begegnete, wurde ein Satz von mir.«

UNSER LEBEN ANDEREN ERSCHLIESSEN

Werden wir gefragt, warum wir eigentlich nicht schreiben, sagen wir meist: »Ich habe nichts wirklich Neues zu sagen. Was ich auch sagen möchte, hat jemand anderer schon gesagt, und dies viel besser, als ich es je könnte.« So zu antworten ist aber kein stichhaltiges Argument, nicht zu schreiben. Jeder Mensch ist einzigartig und mit besonderen Fähigkeiten ausgestattet. Auch hat kein anderer das erlebt, was wir erlebt haben. Darüber hinaus haben wir das, was wir erlebt haben, nicht nur für uns, sondern ebenso für andere erlebt. Schreiben kann ein sehr schöpferischer und anregender Weg sein, unser Leben uns selbst und anderen zu erschließen.

Wir dürfen darauf vertrauen, dass unsere Geschichten, Erfahrungen und Erlebnisse wert sind, erzählt zu werden. Dabei werden wir vielleicht entdecken, dass je besser wir sie erzählen, um so besser wir sie auch leben möchten.

29. APRIL

In die Welt gesandt

DAS LEBEN VERLIEREN UND GEWINNEN

Es ist ein großes Paradox des Lebens, dass derjenige, welcher sein Leben verliert, es gewinnen wird. Dieses Paradox bestätigt sich in vielen gewöhnlichen Situationen. Klammern wir uns an unsere Freunde, werden wir sie gewiss verlieren. Stellen wir hingegen in unseren Beziehungen keine Besitzansprüche, werden wir viele Freunde gewinnen. Suchen und verlangen wir nach Ansehen, wird es schwinden, sobald wir meinen, es erlangt zu haben. Streben wir aber nicht danach, angesehen und bekannt zu sein, kann die Erinnerung an uns den Tod überdauern. Möchten wir gern im Mittelpunkt stehen, werden wir vermutlich als Randfigur enden. Sind wir aber frei genug, dort zu sein, wo auch immer es sein muss, werden wir uns oft im Mittelpunkt finden.

Unser Leben für andere zu verschenken ist eine große, ja die größte menschliche Kunst. Diese Tat wird uns das Leben gewinnen.

MAI

Die Liebe aber bleibt

DIE FREUNDE, DIE WIR BRAUCHEN

Wir brauchen Freunde. Freunde begleiten uns, führen uns, ermutigen uns, schenken uns Zuneigung und Liebe, Freunde sind Helfer in der Not. Wenngleich man sagt: Wir »machen« uns jemand zum Freund, lassen sich Freunde nicht »machen«. Freunde sind ein reines Geschenk Gottes. Gott schickt uns aber die Freunde, die wir brauchen, wenn wir sie brauchen und wir auf die Liebe Gottes uneingeschränkt vertrauen.

Freunde können Gott nicht ersetzen. Sie haben Grenzen und Schwächen wie wir selbst. Ihre Zuneigung und Liebe werden niemals fehlerlos, niemals vollkommen sein. Doch trotz ihrer Grenzen können sie Wegweiser auf unserer Reise zur unbegrenzten und bedingungslosen Liebe Gottes sein.

Freuen wir uns über die Freunde, die Gott uns mit auf den Weg gegeben hat.

1. MAI

DIE GABEN UNSERER FREUNDE

Keine zwei Freunde sind gleich. Jede(r) hat ihre/seine Vorzüge und Gaben. Erwarten wir, dass ein Freund alles hat, was wir brauchen, werden wir immer übertrieben kritisch und mit dem, was er oder sie uns zu geben hat, nie ganz zufrieden sein.

Ein Freund mag uns Zuneigung und Sympathie schenken, ein anderer geistige Anregung geben, wieder ein anderer uns innerlich stärken. Je mehr wir die verschiedenen Gaben, die unsere Freunde uns anzubieten haben, anzunehmen vermögen, desto mehr werden wir ihnen unsere eigenen, einmaligen, aber begrenzten Gaben anbieten können. Solche Freundschaft schafft ein wunderbares Geflecht der Zuneigung und Liebe.

2. MAI

Die Liebe aber bleibt

EIN MOSAIK MIT DEM ANGESICHT GOTTES

Ein Mosaik besteht aus Tausenden kleiner Steine: blauen, grünen, roten, gelben und auch goldenen Steinen. Betrachten wir das Mosaik aus nächster Nähe, können wir den Glanz und die Schönheit jedes einzelnen Steinchens bewundern. Treten wir aber ein Stück zurück, erscheint ein aus unzähligen kleinen Steinchen zusammengesetztes herrliches Bild, das uns etwas sagt, was keines dieser einzelnen Steinchen sagen könnte.

Nicht anders verhält es sich mit dem Leben in der Gemeinschaft. Jede(r) von uns ist wie ein einzelner kleiner Stein von besonderem Glanz, zusammen aber enthüllen wir der Welt das Angesicht Gottes. Niemand kann sagen: »Ich mache Gott sichtbar.« Andere hingegen, die uns als ein Ganzes sehen, können sagen: »Sie machen Gott sichtbar.« Gemeinschaft ist dort, wo Demut und Herrlichkeit sich berühren.

3. MAI

Die Liebe aber bleibt

WEGZEICHEN AUF DEM WEG ZU GOTT

Durch wen erfahren wir von Gottes Liebe, Gottes Güte, Gottes Freundlichkeit, Gottes Vergebung? Durch unsere Eltern, Freunde, Lehrer, Priester, unseren Ehegatten, unsere Kinder. Sie alle offenbaren uns Gott. Doch indem wir von ihnen alles Wissen erhalten, wird uns klar, dass jede(r) einzelne nur ein klein wenig von Gott zu offenbaren vermag. Gottes Liebe, Gottes Güte, Gottes Schönheit sind größer als deren Liebe, Güte und Schönheit.

Wir mögen von diesen Menschen in unserem Leben zuerst enttäuscht sein, weil wir eine Zeitlang geglaubt haben, sie könnten uns alle Liebe, Güte und Schönheit geben, die wir brauchen. Doch allmählich stellen wir fest, dass sie alle Wegzeichen waren auf unserem Weg zu Gott.

GOTTES GROSSZÜGIGKEIT

Gott ist ein Gott des Überflusses, kein Gott des kargen Maßes. Jesus offenbart uns Gottes Übermaß, da er an die Menschen so viel Brot austeilte, dass nach dem Essen, als alle satt waren, zwölf große Körbe mit den übrig gebliebenen Stücken gefüllt wurden (vgl. Johannesevangelium 6,5-15), oder er seine Jünger eine so große Menge Fische fangen ließ, dass ihre Netze zu reißen drohten (vgl. Lukasevangelium 5,1-7). Gott gibt uns nicht bloß genug, er gibt uns mehr als genug, mehr Brot und Fisch, als wir essen können, mehr Liebe, als wir zu verlangen wagen.

Gott ist ein großzügiger Geber. Wir können Gottes Großzügigkeit aber nur erkennen und genießen, wenn wir ihn aus ganzem Herzen, aus ganzer Seele und mit allen unseren Kräften lieben. Solange wir sagen: »Lieber Gott, ich will dich ja lieben, aber zeig mir zuerst, wie großzügig du bist«, werden wir Gott fernbleiben und nicht erfahren können, was Gott uns wirklich geben möchte: Leben, Leben im Überfluss.

5. MAI

Die Liebe aber bleibt

DIE VERSUCHUNG, VORRÄTE ZU HORTEN

Als vorsichtige, ängstliche Menschen entwickeln wir ein Verhalten, das uns sagen lässt: »Es gibt nicht für jeden genug zu essen, also beuge ich lieber für den Notfall vor und lege für mich genug auf die Seite«; oder: »Es gibt nicht genug Wissen, um jeden daraus Nutzen ziehen zu lassen, also behalte ich mein Wissen lieber für mich, so kann es kein anderer für sich verwenden.« Oder auch: »Es gibt nicht genug Liebe und Zuneigung, um sie jedem entgegenzubringen, also behalte ich meine Freunde lieber für mich und sorge vor, dass andere sie mir nicht abspenstig machen.«

Daraus spricht eine typische Nicht-genug-Mentalität, eine Einstellung, die alles für knapp hält. Folglich dürfen wir das, was wir haben, nicht aus der Hand geben, müssen wir horten, weil es ja einmal nicht genug geben könnte, und wir wollen doch überleben. Das Tragische dabei allerdings ist, dass alles, was wir festhalten, uns in den Händen zerrinnt.

DAS WUNDER DER VERMEHRUNG

Es gibt das genaue Gegenteil einer Nicht-genug-Mentalität: eine Mehr-als-genug-Mentalität, eine Einstellung, dass alles reichlich vorhanden ist, aus der heraus wir sagen: »Es gibt für jeden genug, mehr als genug: Essen, Wissen, Freundschaft, Zuneigung und Liebe ... alles.« In dieser Einstellung geben wir, was wir haben und wem wir begegnen. Sehen wir Hungernde, reichen wir ihnen zu essen. Treffen wir Unwissende, lassen wir ihnen unsere Kenntnisse zugute kommen. Kommen wir mit Menschen zusammen, die Zuneigung und Liebe brauchen, bieten wir ihnen Freundschaft, Zuneigung und Gastfreundschaft an und machen sie mit unserer Familie und unseren Freunden bekannt.

Leben wir in dieser Einstellung, werden wir das Wunder erleben, dass sich das, was wir hergeben, vermehrt: Nahrung, Wissen, Freundschaft, Liebe, alles. Es wird sogar noch viel übrig bleiben.

UNSER WISSEN FREIWILLIG TEILEN

Oft meinen wir, wir besäßen nicht genug Wissen, um andere instruieren zu können. Vielleicht zögern wir auch, anderen mitzuteilen, was wir wissen, und fürchten, wir könnten etwas vergessen haben, wenn man uns bittet, noch mehr zu sagen.

Mit dieser Einstellung werden wir ängstlich, verschlossen, engherzig und gehemmt. Haben wir aber den Mut, alles, was wir wissen, großzügig mit anderen zu teilen, wann immer man uns darum bittet, wird uns bald bewusst werden, dass wir viel mehr wissen, als wir dachten.

Nur dann, wenn wir großzügig aus dem Brunnen unseres Wissens schöpfen und weitergeben, können wir feststellen, wie tief unser Brunnen wirklich ist.

8. MAI

DER KELCH DES LEBENS

Als die Frau des Zebedäus mit ihren zwei Söhnen Jakobus und Johannes zu Jesus kam und ihn fragte, ob die beiden »in seinem Reich rechts und links neben ihm sitzen« dürften (vgl. Matthäusevangelium 20,21), antwortete Jesus mit einer Gegenfrage: »Könnt ihr den Kelch trinken, den ich trinken werde?«

Die Frage »Können wir den Kelch trinken?« ist eine der herausforderndsten und radikalsten Fragen, die wir uns stellen können. Der »Kelch«, das ist der mit Freuden und Leiden gefüllte Kelch des Lebens. Können wir unsern Kelch halten und ihn uns zu eigen machen? Können wir unseren Kelch erheben, um andere zu segnen; und können wir unseren Kelch als den Kelch unseres Heils bis zur Neige trinken?

Diese Frage in uns lebendig zu halten ist eine der schwierigsten geistlichen Übungen, die wir uns auferlegen können.

DEN KELCH HALTEN

Jeder muss den Kelch seines Lebens halten. Werden wir älter und nehmen wir die vielen Leiden des Lebens schärfer wahr – persönliches Versagen, Konflikte in der Familie, Enttäuschungen im Beruf und in den Beziehungen mit anderen, die vielen Bosheiten in unserer Umgebung, im eigenen Land und in der Welt –, so zielt alles in uns und um uns darauf hin, uns Wege finden zu lassen, dieses Leid zu ignorieren, einen Bogen darum zu machen, es zu verdrängen oder einfach zu leugnen.

»Sieh die Sonnenseite des Lebens, und mach das Beste daraus!« sagen wir uns selbst und hören wir andere zu uns sagen. Wollen wir aber den Kelch unseres Lebens trinken, müssen wir ihn zuerst *halten* und allem zustimmen, was unser Leben umfasst. Wir müssen darauf vertrauen, dass wir keinen Bogen um unsere Leiden zu machen brauchen, sondern ihnen Freund sein können. Dabei werden wir entdecken, dass die Freude, nach der wir suchen, genau dort liegt, wo unsere Leiden sind.

10. MAI

Die Liebe aber bleibt

DEN KELCH ERHEBEN

Wenn wir den Kelch unseres Lebens halten und allen Leiden und Freuden, mit denen er gefüllt ist, zustimmen, wird es uns auch möglich sein, unseren Kelch in menschlicher Solidarität zu erheben. Unseren Kelch erheben bedeutet, dass wir uns über nichts, was unser Leben umfasst, zu schämen brauchen. Das Erheben unseres Kelches ermutigt andere, sich ebenso wie wir mit der ganzen Wahrheit ihres Lebens zu befreunden.

Indem wir unseren Kelch erheben und zueinander sagen: »Auf dein Leben« oder »Auf dein Wohl«, bringen wir zum Ausdruck, dass wir bereit sind, unser gemeinsames Leben ehrlich zu betrachten. So bilden wir eine Gemeinschaft von Menschen, die einander ermutigen, den Kelch ihres Lebens, der uns in der Gewissheit gereicht wurde, dass er uns wahre Erfüllung und Freude schenke, zu leeren.

11. MAI

DEN KELCH TRINKEN

*N*achdem wir den Kelch unseres Lebens gehalten und als Zeichen der Hoffnung für andere erhoben haben, müssen wir ihn trinken. Unseren Kelch trinken, das heißt, sich alles zu eigen zu machen und zu verinnerlichen, was wir darin als das Einmalige unseres Lebens – mit allen seinen einmaligen Leiden und Freuden – erkannt haben.

Wie können wir unseren Kelch trinken? Wir trinken ihn, indem wir schweigend die Wahrheit unseres Lebens anhören; indem wir uns guten Freunden anvertrauen und mit ihnen nach Wegen suchen, uns fortzuentwickeln und zu wachsen, und schließlich: indem wir dienen. Unseren Kelch trinken bedeutet ferner, frei und mutig Gottes Ruf zu folgen und treu seinen Weg zu gehen. So wird unser Lebenskelch zum Kelch des Heils. Haben wir ihn bis zur Neige geleert, wird Gott ihn mit »Wasser« ewigen Lebens füllen.

12. MAI

Die Liebe aber bleibt

LEERE UND FÜLLE

Leere und Fülle scheinen auf den ersten Blick völlig verschieden zu sein. Nicht so im geistlichen Leben. Hier finden wir im Leerwerden für Gott die Erfüllung unseres tiefsten Verlangens.

Wir müssen den Kelch unseres Lebens wirklich leeren, um die Fülle des Lebens von Gott empfangen zu können. Jesus bezeugt es am Kreuz. Hier werden der Augenblick vollkommener Leere und vollkommener Fülle eins. Als Jesus alles in die Hände seines Abba, seines lieben Vaters, gelegt hatte, sprach er: »Es ist vollbracht!« (Johannesevangelium 19,30). Er, der am Kreuz erhöht wurde, wurde auch ins Auferstehen erhöht. Ihn, der sich entäußerte und erniedrigte, hat »Gott über alle erhöht und ihm den Namen verliehen, der größer ist als alle Namen« (Philipperbrief 2,7-9).

Hören wir auf die Frage Jesu: »Könnt ihr den Kelch trinken, den ich trinken werde?« (Matthäusevangelium 20,22).

13. MAI

Die Liebe aber bleibt

SICH AUF DEN TOD VORBEREITEN

Manche Leute sagen, sie fürchten sich vor dem Tod. Andere sagen, sie fürchten ihn nicht. Doch die meisten fürchten sich vor dem Sterben. Durchaus verständlich, denn Sterben bedeutet oft: langsamer Verfall der geistigen und körperlichen Kräfte, Fortschreiten eines unheilbaren Leidens mit Schmerzen, Krankenhausaufenthalt, Hilflosigkeit, Abhängigkeit und Einsamkeit. Das alles und vieles mehr fürchten wir.

Im »Gegrüßet seist du, Maria« beten wir: »Heilige Maria, Mutter Gottes, bitte für uns Sünder, jetzt und in der Stunde unseres Todes.« Wir tun gut daran, zu Maria und zu Jesus, ihrem Sohn, um Frieden in unserem Herzen zu beten, wenn unsere letzte Stunde gekommen ist, wie auch darum, dass uns bei diesem großen Übergang in neues Leben Freunde zur Seite stehen. Wir müssen uns auf einen guten Tod vorbereiten, das Gebet ist der beste Weg dazu.

DANKBAR STERBEN

*I*mmer wieder beschäftigt uns die Frage, wie wir einmal sterben werden. Wird eine Krankheit unser Leben beenden, ein Unfall, ein Krieg oder eine Naturkatastrophe? Wird es ein unverhoffter, plötzlicher Tod sein oder ein langsames, qualvolles Sterben? Was auch immer wir meinen oder hoffen: Wie unser Leben enden wird, ist ungewiss, und alle Sorge darüber nutzlos. Doch diese Ungewissheit ist ein Segen!

Eine Frage sollten wir allerdings bedenken: Werden wir, wenn unsere letzte Stunde einmal gekommen ist, dann so sterben, dass diejenigen, die wir verlassen müssen, nicht in Trauer und Schmerz verzweifeln oder mit Gefühlen der Scham und Schuld zurückbleiben?

Wie wir andere verlassen, hängt weithin davon ab, wie wir uns selbst auf den Tod vorbereiten. Können wir mit dankbarem Herzen sterben – Gott dankbar, unserer Familie und unseren Freunden –, dann kann unser Tod Quelle des Lebens für andere werden.

15. MAI

Die Liebe aber bleibt

EINE GABE FÜR ANDERE

Wie können wir unseren Tod zu einer Gabe für andere werden lassen? Wir erleben oft, dass Menschen durch den Tod eines Angehörigen oder Freundes so tief getroffen und verwundet sind, dass ihr Leben geradezu zerstört ist. Wir müssen tun, was wir nur können, um dies zu vermeiden.

Es ist von großer Bedeutung, was wir denjenigen, die uns nahestehen, sagen – sei es mündlich oder schriftlich –, wenn wir unserem Tod entgegengehen. Wenn wir ihnen danken, wenn wir sie um Verzeihung für unsere Unzulänglichkeiten bitten und ihnen unser Verzeihen für ihre eigenen anbieten, und wenn wir unseren aufrichtigen Wunsch aussprechen, sie sollten ihr Leben frei von Gewissensbissen weiterführen, aber die Gnaden unseres Lebens in Erinnerung behalten, dann kann unser Tod zu einer wahren Gabe werden.

Hoffnung und Glaube werden ein Ende haben, wenn wir sterben. Die Liebe aber wird bleiben. Liebe währt ewig. Liebe kommt von Gott und kehrt zu Gott zurück. Wenn wir sterben, werden wir alles verlieren, was das Leben uns gab, außer die Liebe. Die Liebe, in der wir unser Leben geführt haben, ist die Liebe Gottes in uns. Sie ist der göttliche, unzerstörbare Kern unseres Seins. Diese Liebe wird nicht nur fortdauern, sondern auch Früchte tragen von Geschlecht zu Geschlecht.

Stehen wir an der Schwelle unseres Todes, dann lasst uns zu allen, die wir zurücklassen, sagen: »Seid nicht traurig! Die Liebe Gottes, die in meinem Herzen wohnt, wird zu euch kommen und euch Trost und Stärke sein.«

17. MAI

Die Liebe aber bleibt

GOTTES ATEM IN UNS

Sprechen wir vom Heiligen Geist, so sprechen wir vom Atem, Odem, vom Lebenshauch Gottes, der in uns atmet. Das griechische Wort für »Geist« heißt »pneuma« und bedeutet: Atem, Odem, das Wehen, der Hauch oder Anhauch. Wir nehmen unser Atmen selten wahr. Atmen ist für uns so selbstverständlich und gehört so wesentlich zum Leben, dass wir es nur wahrnehmen, wenn mit ihm etwas nicht stimmt.

Mit dem Geist Gottes verhält es sich wie mit unserem Atem. Er ist das belebende Prinzip. Gottes Geist ist uns näher als wir uns selbst. Wenn wir uns dessen oft auch nicht bewusst sind, so können wir ohne ihn kein »geistliches Leben« führen. Der Heilige Geist Gottes ist es, der in uns betet, der uns die Gaben der Liebe, der Vergebung, Freundlichkeit, Güte, der Sanftmut, des Friedens und der Freude schenkt. Der Heilige Geist ist es auch, der uns das Leben schenkt, das kein Tod zerstören kann.

Beten wir immer wieder: »Komm, Heiliger Geist, komm!«

NIE ENDENDES VERZEIHEN

Woran liegt es, dass wir uns selbst dann noch an das Leben klammern, wenn die Zeit gekommen ist »fortzugehen«? Sind es unsere noch zu erledigenden Geschäfte? Manchmal klammern wir uns an das Leben, weil wir noch nicht fähig sind zu sagen: »Ich verzeihe und bitte um Verzeihung.« Haben wir denen verziehen, die uns verletzt haben, und haben wir die um Verzeihung gebeten, die von uns verletzt wurden, eröffnet sich eine neue Freiheit. Es ist die Freiheit fortzugehen.

Als Jesus starb, betete er für die Peiniger, die ihn ans Kreuz genagelt hatten: »Vater, vergib ihnen, denn sie wissen nicht, was sie tun« (Lukasevangelium 23,34). Dieses Gebet gab ihm die Freiheit, sagen zu können: »Vater, in deine Hände lege ich meinen Geist« (Lukasevangelium 23,46).

DIE FREIHEIT JESU

Jesus war wirklich frei. Seine Freiheit gründete in seinem geistlichen Bewusstsein, der geliebte Sohn Gottes zu sein. Er wusste in der Tiefe seines Seins, dass er Gott gehörte, noch bevor er geboren wurde, dass er in die Welt gesandt war, um die Liebe Gottes zu verkünden, und dass er zu Gott zurückkehren würde, wenn seine Sendung erfüllt ist. Dieses Wissen verlieh ihm die Freiheit, zu sprechen und zu handeln, ohne der Welt gefallen zu müssen; es gab ihm auch die Kraft, dem Leiden der Menschen mit der heilenden Liebe Gottes zu begegnen. So berichtet das Lukasevangelium: »Alle Leute versuchten, ihn zu berühren; denn es ging eine Kraft von ihm aus, die alle heilte« (6,19).

DAS MIT-LEIDEN JESU

Jesus wird der Immanuel genannt, »das heißt übersetzt: Gott (ist) mit uns« (Matthäusevangelium 1,23). Das große Paradoxon im Leben Jesu besteht darin, dass er, dessen Reden und Handeln nicht im geringsten von menschlichem Tadel oder Lob beeinflusst sind, sondern ganz und gar vom Willen Gottes abhängen, mehr »mit« uns ist als irgendein anderer Mensch.

Jesus konnte deshalb mit uns leiden, mit uns tief empfinden, weil menschliches Ansehen für sein Leben keine Bedeutung hatte und er nur von der Liebe seines Vaters im Himmel geleitet war. Jesus ist wirklich frei, um uns zu lieben, weil er durch unsere Liebe nicht gebunden ist.

21. MAI

Die Liebe aber bleibt

JESUS, DER GESEGNETE

Jesus ist der Gesegnete. Was ist mit dem Wort »Segen« und »Segnen« gemeint? Im Lateinischen heißt segnen »benedicere«. Das Wort »benedicieren«, das es im Sprachgebrauch vieler Kirchen gibt, bedeutet wörtlich: über jemanden Gutes (bene) sagen (dicere). Jesus ist der Gesegnete, weil Gott über ihn Gutes gesagt hat. Diesen Segen Gottes hören wir am deutlichsten, nachdem Jesus im Jordan von Johannes getauft worden war. Kaum war Jesus aus dem Wasser gestiegen, »da öffnete sich der Himmel... und eine Stimme aus dem Himmel sprach: ›Das ist mein geliebter Sohn, an dem ich Gefallen gefunden habe‹« (Matthäusevangelium 3,16f.).

Mit diesem Segen beginnt das öffentliche Wirken Jesu. Und sein ganzes Wirken ist davon bestimmt, uns wissen zu lassen, dass dieser Segen nicht ihm allein gilt, sondern allen zugesprochen ist, die auf ihn hören.

DAS SELBSTBILDNIS JESU

Jesus sagt in der Bergpredigt: »Selig, die arm sind vor Gott; selig die Sanftmütigen; selig die Trauernden; selig, die hungern und dürsten nach Gerechtigkeit; selig die Barmherzigen; selig, die ein reines Herz haben; selig, die Frieden stiften; und selig, die um der Gerechtigkeit willen verfolgt werden« (Matthäusevangelium 5,3-10). Diese Zusicherungen bieten uns ein klares Selbstbildnis Jesu. Jesus ist der Selig-Gepriesene, der Gesegnete. Seine Gesichtszüge drücken Armut, Sanftmut, Trost aus, sprechen von Hungern und Dürsten nach Gerechtigkeit, von Barmherzigkeit, Reinheit des Herzens, vom Verlangen, Frieden zu stiften, und vom Verfolgtwerden.

Die ganze Botschaft des Neuen Testaments verdichtet sich in der Weisung: Werden wie Jesus! Sein Selbstbildnis kennen wir. Wenn wir es uns vor Augen halten, wird uns klar werden, was es heißt: Jesus nachfolgen und werden wie er.

DER ARME JESUS

Jesus, der Gesegnete, ist arm. Jesu Armut reicht entschieden weiter als wirtschaftliche oder soziale Armut. Jesus ist arm, weil er freiwillig Ohnmacht statt Macht, Verwundbarkeit statt Unverletzbarkeit, Abhängigkeit statt Selbstständigkeit wählte. Der »Christushymnus« im Brief des Apostels Paulus an die Christen in Philippi bringt dies großartig zum Ausdruck: »Er hielt nicht daran fest, wie Gott zu sein, sondern er entäußerte sich und wurde wie ein Sklave und den Menschen gleich« (2,6f). Das ist die Armut im Geist, die Jesus zu leben wählte.

Jesus ruft uns, die wie er gesegnet sind, dazu auf, dieselbe Armut zu leben wie er.

DER SANFTMÜTIGE JESUS

Jesus, der Gesegnete, ist sanftmütig. Wenngleich er sich mit großer Leidenschaft und scharfer Kritik gegen alle Formen von Heuchelei wendet und auch nicht zurückschreckt, Betrug, Manipulation und Unterdrückung anzuprangern, ist sein Herz dennoch sanftmütig. Er will das geknickte Rohr nicht zerbrechen und den glimmenden Docht nicht auslöschen (vgl. Matthäusevangelium 12,20). Er hört auf das Klagen der Menschen, heilt ihre Wunden und ermutigt die Verzagten.

Jesus kam, um – in allem, was er sagt – den Armen eine gute Nachricht, den Blinden das Augenlicht und den Gefangenen die Freiheit zu verkünden (vgl. Lukasevangelium 4,18 f), und offenbart dadurch Gottes unermessliches Mit-Leiden. Als Glaubende, die Christus nachfolgen, sind wir aufgerufen, ebenso sanftmütig zu sein.

25. MAI

DER WEINENDE JESUS

Jesus, der Gesegnete, weint. Er weinte, als er nach Betanien kam und sah, dass Lazarus gestorben war (vgl. Johannesevangelium 11, 1-36); er weinte, als er auf die Stadt Jerusalem sah und erkannte, dass sie dem Untergang geweiht war (vgl. Lukasevangelium 19,4 1-44). Jesus weint über alle Verluste und Verwüstungen, die das Herz des Menschen mit Schmerz erfüllen. Er weint mit den Trauernden und vergießt Tränen mit den Weinenden.

Gewalt, Habgier, Wollust und die vielen anderen Übel, die das Angesicht der Erde und der Menschen auf ihr entstellt haben, bringen Jesus, Gottes geliebten Sohn, zum Weinen. Auch wir müssen weinen, wenn wir Gottes Trost zu erfahren hoffen.

JESUS HUNGERT UND DÜRSTET NACH GERECHTIGKEIT

Jesus, der Gesegnete, hungert und dürstet nach Gerechtigkeit. Er verabscheut Unrecht und stellt sich denen entgegen, die durch Unterdrückung und Ausbeutung zu Wohlstand und Einfluss zu kommen versuchen. Sein ganzes Sein sehnt sich nach Menschen, die einander als Brüder und Schwestern, Söhne und Töchter ein und desselben Gottes betrachten und danach handeln.

Entschieden verkündet er, dass der Weg ins Himmelreich nicht darin besteht, viele Gebete zu sprechen und viele Opfergaben darzubringen, sondern dort verläuft, wo Hungernde zu essen erhalten, Nackte Kleidung, wo Kranke und Gefangene besucht werden (vgl. Matthäusevangelium 25,31-46). Er sehnt eine gerechte Welt herbei. Jesus will, dass wir mit demselben Hunger und Durst leben.

DER BARMHERZIGE JESUS

Jesus, das gesegnete Kind Gottes, ist barmherzig. Barmherzig sein ist etwas anderes als Mitleid-Haben. Bloßes Mitleid-Haben hat einen Anflug von Distanz, wenn nicht gar einen Hauch von Herabschauen und Sich-Herablassen. Bittet mich zum Beispiel ein Bettler um Geld, und ich gebe ihm etwas aus Mitleid, schaue ihm aber dabei kaum in die Augen und wechsle mit ihm kein Wort in dem Gefühl, dass mein Geld meine persönliche Aufmerksamkeit ersetzt und mein Weitergehen entschuldigt, so bin ich nicht barmherzig. Barmherzigkeit kommt aus einem mit-leidenden Herzen, aus dem Verlangen, wie der andere zu sein und bei ihm zu sein. Jesus wollte nicht auf uns herabschauen, sondern einer von uns sein und tief mit uns fühlen.

Jesus erweckte den einzigen Sohn einer Witwe aus der Stadt Nain zum Leben, weil er in seinem Herzen vom Schmerz und von der Trauer der Mutter gerührt war (vgl. Lukasevangelium 7,11-17).

Orientieren wir uns an Jesus, wenn wir wissen wollen, wie wir unseren Brüdern und Schwestern Barmherzigkeit erweisen sollen.

JESUS, DER REINEN HERZENS IST

Jesus, Gottes geliebter Sohn, hat ein reines Herz. Ein reines Herz zu haben, reinen Herzens zu sein, das bedeutet, nur eines zu wollen. Jesus wollte nur den Willen seines Vaters im Himmel tun. Was auch immer Jesus tat oder sagte, tat und sagte er als der gehorsame Sohn Gottes. »Was ich sage, ist nur das, was mich der Vater gelehrt hat. Und er, der mich gesandt hat, ist bei mir; er hat mich nicht allein gelassen, weil ich immer das tue, was ihm gefällt« (Johannesevangelium 8,28f). Im Herzen Jesu gibt es kein Sowohl-als-Auch, keine doppelten Motive oder geheimen Absichten. In Jesus besteht vollständige innere Einheit, weil er in vollständiger Einheit mit Gott lebt.

Wie Jesus werden heißt, in diese Reinheit des Herzens hineinzuwachsen. Diese Reinheit verlieh Jesus wahre geistliche Sicht. Und sie wird auch uns wahre geistliche Sicht verleihen.

29. MAI

Die Liebe aber bleibt

JESUS, DER FRIEDENSSTIFTER

Jesus, das gesegnete Kind des Vaters, ist ein Friedensstifter. Der Friede, den Jesus gibt, bedeutet nicht nur Abwesenheit von Krieg und meint auch nicht bloße Harmonie oder ein Gleichgewicht der Kräfte. Friede ist die Fülle des Wohlseins als eines ungeschuldeten, freien Geschenks Gottes. Jesus sagt: »Frieden hinterlasse ich euch, meinen Frieden gebe ich euch; nicht einen Frieden, wie die Welt ihn gibt, gebe ich euch« (Johannesevangelium 14,27).

Frieden ist Shalom – Wohlsein: geistiges, von Herzen kommendes leibliches, persönliches und gemeinsames Wohlsein, das inmitten einer von Kriegen geschüttelten Welt herrschen kann wie inmitten ungelöster Probleme und zunehmender menschlicher Konflikte. Jesus stiftete diesen Frieden, indem er sein Leben für seine Brüder und Schwestern hingab. Es ist kein leichter, doch dauerhafter Friede und kommt von Gott. Sind wir bereit, unser Leben in den Dienst dieses Friedens zu stellen?

30. MAI

Die Liebe aber bleibt

JESUS, DER VERFOLGTE

Jesus, der geliebte Sohn, an dem Gott Gefallen gefunden hat, wird verfolgt. Er, der arm und sanftmütig ist, der weint, Hunger und Durst leidet um der Gerechtigkeit willen, der barmherzig, reinen Herzens und ein Friedensstifter ist, ist in dieser Welt nicht willkommen. Der Gesegnete Gottes ist für die etablierte Ordnung eine Gefahr und für alle, die sich als Herrscher dieser Welt betrachten, Anlass ständiger Verunsicherung. Ohne dass Jesus je einen anklagte, wird er als Ankläger angesehen; ohne dass er je einen verurteilte, weckt er bei Menschen Schuld- und Schamgefühle; ohne dass er je einen richtete, fühlen sich die, welche ihn sehen, gerichtet. Er kann in ihren Augen nicht geduldet und muss umgebracht werden; denn ihn gewähren zu lassen, wäre wie ein Schuldbekenntnis.

Wenn wir wie Jesus werden möchten, können wir nicht immer erwarten, geliebt und bewundert zu werden. Wir müssen darauf vorbereitet sein, auf Ablehnung zu stoßen.

31. MAI

Die Liebe aber bleibt

JUNI

In der Welt, nicht von der Welt

IN DER WELT, NICHT VON DER WELT

Die Seligpreisungen der Bergpredigt (vgl. Matthäusevangelium 5,3-11) bieten uns ein klares Selbstbildnis Jesu, das auf den ersten Blick allerdings wenig Gefallen finden mag; denn wer möchte schon arm sein, weinen und Verfolgung erleiden? Wer kann wahrhaft sanftmütig, barmherzig, reinen Herzens, ein Friedensstifter und immer um Gerechtigkeit besorgt sein? Wo ist hier der Sinn für die Wirklichkeit? Müssen wir in dieser Welt nicht überleben und dazu die Wege der Welt einschlagen?

Jesus zeigt uns den Weg, um in der Welt zu sein, ohne von ihr zu sein. Wenn wir unser Leben nach seinem Leben gestalten, eröffnet sich uns eine neue Welt. Dann wird das Himmelreich unser sein und die Erde unser Erbe. Wir werden getröstet werden, Erfüllung finden und Barmherzigkeit erfahren. Ja wir werden als Söhne und Töchter Gottes anerkannt sein und wahrhaftig Gott sehen, und dies nicht erst in einem Leben danach, sondern hier und jetzt (vgl. Matthäusevangelium 5,3-10). Das ist der Preis für ein Leben, das nach dem Leben Jesu gestaltet ist.

WIE JESUS SEIN

Oft rücken wir von Jesus ab, gehen auf Distanz und sagen: »Was Jesus wusste, können wir nicht wissen, und was Jesus vollbrachte, können wir nicht vollbringen.« Jesus aber hält niemals Distanz zu uns. Er sagt: »Ich habe euch Freunde genannt; denn ich habe euch alles mitgeteilt, was ich von meinem Vater gehört habe« (Johannesevangelium 15,15); und: »Amen, amen, ich sage euch: Wer an mich glaubt, wird die Werke, die ich vollbringe, auch vollbringen, und er wird noch größere vollbringen« (Johannesevangelium 14,12).

Wir sind tatsächlich dazu berufen zu wissen, was Jesus wusste, und zu vollbringen, was Jesus vollbracht hat. Wollen wir es aber wirklich, oder möchten wir Jesus lieber nicht allzu nah sein?

2. JUNI

In der Welt, nicht von der Welt

DIE IDENTITÄT JESU BEANSPRUCHEN

Wenn wir die Person Jesu betrachten, den außerordentlichen, ungewöhnlichen Menschen, der vor fast zweitausend Jahren lebte und dessen Leben und Botschaft uns noch immer inspirieren, könnte uns dabei entgehen, dass Jesus von uns will, wir sollten sein wie er. Jesus selbst verkündete immer wieder, dass er, der geliebte Sohn Gottes, gekommen ist, um uns zu offenbaren, dass auch wir Gottes geliebte Söhne und Töchter sind, denen dieselbe bedingungslose göttliche Liebe geschenkt wird.

Johannes schreibt an die ersten Christengemeinden: »Seht, wie groß die Liebe ist, die der Vater uns geschenkt hat: Wir heißen Kinder Gottes, und wir sind es« (1 Johannesbrief 3,1).

Das geistliche Leben stellt uns vor die große Herausforderung, die Identität Jesu für uns selbst in Anspruch zu nehmen und zu sagen: »Wir sind der lebendige Christus heute!«

CHRISTUS ANLEGEN

Ein Glaubender sein, das bedeutet, Christus (als Gewand) angelegt zu haben. Der Apostel Paulus schreibt an die Gläubigen in Galatien: »Denn ihr alle, die ihr auf Christus getauft seid, habt Christus (als Gewand) angelegt« (Galaterbrief 3,27); und in einem anderen Brief an die Gemeinde in Rom sagt er: »Legt (als neues Gewand) den Herrn Jesus Christus an« (Römerbrief 13,14). Die Wendung »Christus (als Gewand) anlegen« besagt mehr, als einen Mantel zu tragen, der unseren hinfälligen Leib bedeckt; vielmehr weist sie auf eine vollständige Umgestaltung hin, nach der wir mit dem heiligen Paulus sagen dürfen: »Ich bin mit Christus gekreuzigt worden; nicht mehr ich lebe, sondern Christus lebt in mir« (Galaterbrief 2,19f).

Somit sind wir der lebendige Christus in der Welt. Jesus, in dem Gott Fleisch angenommen hat, offenbart sich fortdauernd in unserem eigenen Fleisch. Ja, wahre Erlösung heißt *Christus werden.*

4. JUNI

In der Welt, nicht von der Welt

VOM SELBEN GEIST ERFÜLLT

Der lebendige Christus heute sein, das bedeutet, vom selben Geist erfüllt sein, der Jesus erfüllte. Jesus und sein Vater im Himmel atmen denselben Odem, den Heiligen Geist. Der Heilige Geist ist die innige Kommunion zwischen Jesus und seinem Vater, die sie eins werden lässt. Jesus sagt: »Ich bin im Vater, und der Vater ist in mir« (vgl. Johannesevangelium 14,10), und an anderer Stelle: »Ich und der Vater sind eins« (10,30). Diese Einheit will Jesus uns geben. Es ist die Gabe des Heiligen Geistes.

Leben im Geist bedeutet demnach, in derselben Kommunion mit dem Vater zu leben, in der Jesus lebte, und dadurch Gott in der Welt gegenwärtig werden zu lassen.

5. JUNI

In der Welt, nicht von der Welt

MITERBEN CHRISTI

Immer wieder halten wir uns für geringer als Christus und entziehen uns dadurch der vollen Ehre wie der vollen Last des christlichen Lebens. Der Heilige Geist, der Jesus leitete, leitet aber auch uns. Der heilige Paulus schreibt an die Römer: »Der Geist bezeugt selber unserem Geist, dass wir Kinder Gottes sind. Sind wir aber Kinder, dann auch Erben; wir sind Erben Gottes und sind Miterben Christi« (8,16f).

Beginnen wir nach dieser Wahrheit zu leben, verändert sich unser Leben von Grund auf. Wir werden die volle Freiheit der Kinder Gottes erfahren, aber auch die volle Ablehnung der Welt. Es ist unbegreiflich, dass wir zögern, die volle Ehre anzunehmen, um dadurch der Last aus dem Wege zu gehen. Sind wir aber bereit, mit Christus zu leiden, werden wir auch mit ihm verherrlicht werden (vgl. Römerbrief 8,17).

DIE KRAFT DES GEISTES

In und durch Jesus Christus lernen wir Gott als einen machtlosen Gott, der von uns abhängig wird, kennen. Aber gerade in dieser Ohnmacht offenbart sich Gottes Macht. Es ist keine Macht, die beherrscht, diktiert und befiehlt, sondern die Macht und Kraft, die heilt, versöhnt und eint. Es ist die Macht und Kraft des Geistes. Wo Jesus erschien, versuchten die Menschen, ihm ganz nahe zu kommen und ihn zu berühren, »denn es ging eine Kraft von ihm aus« (Lukasevangelium 6,19).

Diese Kraft des göttlichen Geistes will Jesus uns geben. Tatsächlich ermächtigt und ermöglicht uns der Geist, heilende Gegenwart zu sein. Sind wir von diesem Geist erfüllt, können wir nichts anderes als Heilung bringen.

7. JUNI

In der Welt, nicht von der Welt

DER GEIST WIRD IN UNS SPRECHEN

Der Geist, den uns Jesus gibt, ermächtigt uns zu sprechen. Sollen wir vor Menschen sprechen, die uns verunsichern und einschüchtern, werden wir nervös und verlegen. Vertrauen wir jedoch auf den Geist, brauchen wir uns keine Worte im voraus zurechtzulegen. Sie werden uns eingegeben werden, wenn wir reden müssen. »Wenn man euch vor die ... Herrscher und Machthaber schleppt, dann macht euch keine Sorgen, wie ihr euch verteidigen oder was ihr sagen sollt. Denn der Heilige Geist wird euch in der gleichen Stunde eingeben, was ihr sagen müsst« (Lukasevangelium 12,11f).

Wir verlieren viel Zeit mit kleinlichen Vorbereitungen aus Furcht, nicht das rechte Wort zur rechten Zeit zu finden. Halten wir uns statt dessen mehr an die Wahrheit, und vertrauen wir darauf, dass der Geist, den Jesus uns gab, in uns sprechen und überzeugend sprechen wird!

8. JUNI

In der Welt, nicht von der Welt

DER GEIST WIRD IN UNS BETEN

Beten ist eine Gabe des Geistes. Oft wissen wir nicht, worum wir beten, wann wir beten und was wir beten sollen, und beschäftigen uns mit Methoden und Anleitungen zum Beten. Schließlich aber beten nicht wir, sondern betet der Geist in uns.

Der Apostel Paulus sagt: »Der Geist nimmt sich unserer Schwachheit an. Denn wir wissen nicht, worum wir in rechter Weise beten sollen; der Geist selber tritt jedoch für uns ein mit Seufzen, das wir nicht in Worte fassen können. Und Gott, der die Herzen erforscht, weiß, was die Absicht des Geistes ist: Er tritt so, wie Gott es will, für die Heiligen ein« (Römerbrief 8,26f.). Diese Worte erklären, warum der Geist »der Tröster« genannt wird.

9. JUNI

In der Welt, nicht von der Welt

KEINE SKLAVEN

Wer sind wir? Sind wir das, was wir tun? Sind wir das, was andere von uns denken? Sind wir der Einfluss, die Macht, die wir haben? Mag sein, dass es in unserer Gesellschaft so ist. Der Geist Jesu aber, der uns gegeben ist, offenbart unsere wahre geistliche Identität. Der Geist gibt uns zu erkennen, dass wir nicht einer Welt des Erfolgs, des Ansehens oder der Macht gehören, sondern Gott. Die Welt unterjocht uns mit Furcht, der Geist befreit uns aus diesem Joch und stellt die wahre Beziehung wieder her. Darauf weist der Apostel Paulus hin, wenn er sagt: »Denn ihr habt nicht einen Geist empfangen, der euch zu Sklaven macht, so dass ihr euch immer noch fürchten müsstet, sondern ihr habt den Geist empfangen, der euch zu Söhnen macht, den Geist, in dem wir rufen: Abba, Vater!« (Römerbrief 8,15).

Wer sind wir? Wir sind Gottes geliebte Söhne und Töchter! Wer das zu glauben wagt, bricht zu einer geistlichen Reise auf, die zur Erfüllung der tiefsten menschlichen Sehnsucht führt.

10. JUNI

In der Welt, nicht von der Welt

DER ANSPRUCH DER LIEBE

Gott mit »Abba, Vater« anzusprechen ist etwas anderes, als ihm einen familiären Namen zu geben. Wenn wir Gott »Abba« nennen, treten wir in dieselbe innige, furchtlose, vertrauensvolle und Vollmacht verleihende Beziehung zu Gott ein, die zwischen Jesus und seinem Vater bestand. Diese Beziehung wird Geist genannt. Er wurde uns durch Jesus Christus gesandt und lässt uns mit ihm ausrufen: »Abba, Vater!«

Die Anrede Gottes mit »Abba, Vater« (vgl. Römerbrief 8,15; Galaterbrief 4,6) ist ein Ausruf des Herzens, ein Gebet, das aus unserem tiefsten Inneren kommt. Es ist keine bloße Bezeichnung Gottes, sondern das Inanspruchnehmen Gottes als den Ursprung dessen, der wir sind. Diesen Anspruch erheben wir nicht aufgrund einer persönlichen Einsicht oder einer gewonnenen Überzeugung, vielmehr erhebt ihn der Geist Jesu in Kommunion mit unserem Geist. Es ist der Anspruch der Liebe.

11. JUNI

In der Welt, nicht von der Welt

INBEGRIFF ALLER LIEBE

Der Geist offenbart uns nicht nur, dass Gott »Abba, Vater« ist, sondern auch, dass wir Gottes geliebte Kinder sind. Dadurch stellt der Geist in uns die Beziehung wieder her, von der alle anderen Beziehungen ihre Bedeutung erhalten.

Abba ist eine sehr vertrauensvolle Anrede, die man im Deutschen mit »lieber Vater« oder »lieber Papa« wiedergeben kann. Das Wort »Abba« drückt kindliches Vertrauen aus, Geborgenheit, Verbundenheit, Verpflichtung zum Gehorsam, vor allem aber Nähe. Diese Bezeichnung hat nichts von der Autorität, Macht und Verfügungsgewalt, die man oft mit dem Wort Vater verbindet. Im Gegenteil, Abba besagt auch ein liebevolles In-die-Arme-Schließen und Sich-Sorgen. Diese Liebe umfasst alle Liebe, die uns unsere Eltern, Geschwister, unser Ehegatte oder unsere Ehegattin entgegenbringen, und überschreitet sie. Es ist die Gabe des Geistes.

12. JUNI

In der Welt, nicht von der Welt

URSPRUNG ALLER MENSCHLICHEN LIEBE

Ohne die Liebe unserer Eltern, Geschwister, unseres Ehegatten oder unserer Ehegattin, unserer Freunde und der Menschen, die uns nahe sind, können wir nicht leben. Ohne Liebe sterben wir. Doch viele erreicht diese Liebe in sehr gebrochener und begrenzter Form, wenn sie durch Machtspiele, Eifersucht, Groll, Rachsucht und Misshandlung vergiftet ist. Keine menschliche Liebe ist die vollkommene Liebe, nach der unser Herz verlangt, und manchmal kann menschliche Liebe so unvollkommen sein, dass sie kaum noch als Liebe zu erkennen ist.

Um uns nicht von den Verletzungen, die wir durch diese unvollkommene menschliche Liebe erlitten haben, verzehren zu lassen, müssen wir darauf vertrauen, dass der Ursprung aller Liebe, die unbegrenzte, bedingungslose, vollkommene Liebe Gottes ist, und dass diese Liebe nicht fern von uns ist, sondern die Gabe des Geistes Gottes, der in uns wohnt.

13. JUNI

In der Welt, nicht von der Welt

Dürfen wir denn darauf vertrauen, dass es eine bedingungslose göttliche Liebe gibt, wenn sehr viele unserer Erfahrungen für das Gegenteil von Liebe – Furcht, Bosheit, Hass, Gewaltsamkeit und Misshandlung – sprechen?

Wir sind nicht zu Opfern verurteilt! Es bleibt die in uns offensichtlich verborgene Möglichkeit, die Liebe zu wählen. Viele, die verletzende Zurücksetzungen und grausamste Torturen erduldet haben, vermögen die Liebe zu wählen. Indem sie die Liebe wählen, werden sie Zeugen der großen menschlichen Leidensfähigkeit wie auch der Liebe Gottes, die alle menschliche Liebe übersteigt. Wer inmitten von Hass und Furcht die Liebe wählt – selbst wenn es noch so wenig zu sein scheint –, gibt unserer Welt Grund zu wahrer Hoffnung.

DIE KLEINEN SCHRITTE DER LIEBE

Wie können wir die Liebe wählen, wenn wir kaum Liebe erfahren? Wir entscheiden uns für sie durch kleine Schritte der Liebe, für die es immer eine Gelegenheit gibt: ein Lächeln, ein freundlicher Wink, ein Händedruck, ein ermutigendes Wort, ein Telefonanruf, eine Postkarte mit einem herzlichen Gruß, ein ermunterndes Schulterklopfen, ein Zeichen der Anteilnahme, eine besondere Aufmerksamkeit, eine unerwartete Hilfeleistung, ein kleines Geschenk, ein Besuch... und viele andere kleine Schritte zur Liebe hin.

Jeder Schritt ist wie eine brennende Kerze in der Nacht. Ihr Licht hebt die Dunkelheit nicht auf, führt uns aber durch die Finsternis. Blicken wir dann auf viele kleine Schritte der Liebe zurück, werden wir sehen, dass wir eine lange und schöne Wegstrecke zurückgelegt haben.

15. JUNI

In der Welt, nicht von der Welt

DIE LIEBE TUN

Oft sprechen wir über die Liebe, als wäre sie ein Gefühl. Warten wir aber zuerst ein Gefühl von Liebe ab, um dann zu lieben, werden wir wohl niemals wirklich lieben können. So schön und erhebend das Gefühl von Liebe ist, das Fundament unserer Liebe kann es nicht sein. Lieben ist denken, sprechen, handeln in der Gewissheit des Glaubens, dass wir von Gott unendlich geliebt und aufgerufen sind, diese Liebe in dieser Welt sichtbar zu machen.

Meistens wissen wir, was wir aus Liebe tun sollen. Wenn wir die Liebe »tun«, auch wenn andere darauf nicht mit Liebe zu antworten vermögen, werden wir feststellen, dass unser Gefühl unser Tun einholt.

16. JUNI

In der Welt, nicht von der Welt

DAS ZEUGNIS DER LIEBE

Woher wollen wir wissen, dass wir von Gott unendlich geliebt sind, wenn alles in unserer nächsten Umgebung uns sagt, wir sollten lieber unser Existenzrecht geltend machen?

Das Wissen, bedingungslos geliebt zu sein, noch bevor die Welt uns ihre Bedingungen vor Augen hält, können uns keine Bücher, Vorträge, Kurse oder Fernsehsendungen vermitteln; denn es ist ein geistliches Wissen, ein Wissen im Glauben, und stammt von Menschen, die uns durch ihr Wort und ihre Tat Gottes Liebe bezeugen. Diese Zeugen können sich in unserer nächsten Nähe befinden, aber auch weit weg von uns leben oder vor langer Zeit gelebt haben. Ihr Zeugnis verkündet die Wahrheit der Liebe Gottes und ruft uns auf, dieser Wahrheit entsprechend zu handeln.

17. JUNI

In der Welt, nicht von der Welt

Ein geistliches Leben ist ein Leben, in dem unser Geist und der Geist Gottes davon Zeugnis geben, dass wir geliebte Kinder Gottes sind (vgl. Römerbrief 8,16). Dieses Zeugnis umfasst jede Facette unseres Lebens. Der Apostel Paulus sagt: »Ob ihr also esst oder trinkt oder etwas anderes tut: Tut alles zur Verherrlichung Gottes« (1 Korintherbrief 10,31). Und die Verherrlichung Gottes sind wir, wenn wir der Freiheit der Kinder Gottes voll Ausdruck geben.

Leben wir in Kommunion mit Gottes Geist, so können wir nichts anderes als Zeugen sein, weil Gottes Geist durch uns offenbar werden wird, wohin wir auch gehen und wem wir begegnen.

18. JUNI

In der Welt, nicht von der Welt

Wie offenbart sich der Geist Gottes durch uns? Viele meinen, um Zeugnis zu geben, müssen wir unsere Stimme zur Verteidigung Gottes erheben. Diese Vorstellung kann uns ein starkes Selbstbewusstsein geben. Wir fragen uns, wo und wie wir Gott zum Thema unserer Gespräche machen können und wie wir unsere Angehörigen, Freunde, Nachbarn und Arbeitskollegen von Gottes Gegenwart in ihrem Leben überzeugen können. Solch ein ausdrücklicher missionarischer Eifer aber entspringt oft einem unsicheren Herzen und kann deshalb leicht Spaltungen zur Folge haben.

Gottes Geist offenbart sich am überzeugendsten durch seine Früchte: durch »Liebe, Freude, Friede, Langmut, Freundlichkeit, Güte und Treue« (Galaterbrief 5,22). Diese Früchte sprechen für sich selbst. Fragen wir uns deshalb besser: »Wie kann *ich* im Geist wachsen?«, als sich damit zu beschäftigen: »Wie kann ich *andere* dazu führen, an den Geist Gottes zu glauben?«

19. JUNI

In der Welt, nicht von der Welt

Zeugnis geben für Gott, das heißt, ein lebendiges Zeichen der Gegenwart Gottes in unserer Welt sein. Was wir leben, ist wichtiger als das, was wir sagen; denn eine rechte Lebensweise führt immer zu einer rechten Redeweise. Wenn wir unserem Nächsten von Herzen vergeben, wird unser Herz Worte der Vergebung sprechen. Wenn wir dankbar sind, werden wir Worte des Dankes sagen, und sind wir von Hoffnung und Freude erfüllt, werden wir hoffnungsvolle und froh machende Worte sagen.

Kommen unsere Worte zu früh, und haben wir das, was wir sagen, noch nicht gelebt, besteht die Gefahr, eine doppelte Botschaft zu verkünden: die eine mit unseren Worten, die andere mit unserem Tun. So werden wir zu Heuchlern. Mag uns unser Leben die rechten Worte geben, und mögen unsere Worte uns zum rechten Leben führen!

20. JUNI

In der Welt, nicht von der Welt

IN DIE WAHRHEIT HINEINWACHSEN

Dürfen wir nur dann sprechen, wenn wir das, was wir sagen, auch wirklich leben? Wenn sich unsere Worte mit unseren Taten immer genau decken müssten, wären wir zu ständigem Schweigen verurteilt.

Es gibt manchmal Situationen, in denen von uns verlangt wird, Gottes Liebe zu verkünden, auch wenn unser Leben noch nicht vollständig von ihr durchdrungen ist. Müssen wir deshalb Heuchler sein? Wir werden es nur dann sein, wenn unsere eigenen Worte uns nicht mehr zu Selbsterkenntnis und Umkehr aufrufen. Niemand lebt so, dass er an seinen eigenen Idealen und Visionen nicht Abstriche machen müsste. Vertreten wir aber unsere Ideale und Visionen mit großer Überzeugungskraft und großer Demut, werden wir in die Wahrheit, von der wir sprechen, nach und nach hineinwachsen. Solange wir wissen, dass unser Leben immer lauter sprechen wird als unsere Worte, dürfen wir darauf vertrauen, dass unsere Worte demütig bleiben werden.

21. JUNI

In der Welt, nicht von der Welt

WORTE, DIE FLEISCH ANNEHMEN MÜSSEN

Worte sind wichtig. Ohne sie verliert unser Handeln Sinn. Und ohne Sinn können wir nicht leben. Worte können Perspektiven bieten, zur Einsicht führen, Verständnis wecken und eine Vision vermitteln. Worte können Trost spenden, Stärkung sein, Ermutigung und Hoffnung geben. Worte können Angst vertreiben, Isolierung beseitigen, Schande und Schuld abnehmen. Worte können versöhnen, vereinen, vergeben und heilen. Worte können Friede und Freude bringen, innere Freiheit und tiefe Dankbarkeit. Worte können, kurz gesagt, Liebe auf ihren Flügeln tragen.

Ein Wort der Liebe kann die größte Tat der Liebe sein. Nehmen unsere Worte Fleisch in unserem und im Leben anderer an, dann können wir die Welt verändern.

Jesus ist das Wort, das Fleisch angenommen hat. In ihm waren Reden und Tun eins.

22. JUNI

In der Welt, nicht von der Welt

WORTE, DIE VON HERZEN KOMMEN

Worte, die in uns nicht Fleisch annehmen, bleiben »nur Worte«. Sie haben keine Kraft, unser Leben zu beeinflussen. Sagt uns jemand »Ich liebe dich« ohne die geringste Regung, können diese Worte mehr Schaden als Gutes anrichten. Sind diese Worte aber aus dem Herzen gesprochen, können sie neues Leben schaffen.

Es kommt entscheidend darauf an, dass wir mit dem Ursprung unserer Worte in Kontakt bleiben. Wir unterliegen leicht der Versuchung, »schön zu reden«, nur das zu sagen, was »ankommt« und gefällt: hohle Worte, die nicht in unserem Inneren verwurzelt sind. Achten wir darauf, dass unsere Worte in unserem Herzen Wurzeln haben. Der beste Weg dazu sind Schweigen und Gebet.

23. JUNI

In der Welt, nicht von der Welt

FLEISCHGEWORDENES WORT

Das Wort muss Fleisch werden, aber das Fleisch muss auch Wort werden. Es genügt uns menschlichen Wesen nicht, bloß zu leben. Wir müssen dem, was wir erleben, Worte geben. Sprechen wir nicht aus, was wir erleben, verliert unser Leben an Spannung und schöpferischer Kraft.

Genießen wir eine großartige Aussicht, so suchen wir nach Worten, um das, was wir sehen, auszudrücken. Begegnen wir einem freundlichen, hilfsbereiten Menschen, so möchten wir von dieser Begegnung erzählen. Plagen uns Kummer und Sorgen, drängt es uns, darüber zu reden. Haben wir eine freudige Überraschung erlebt, möchten wir sie anderen mitteilen.

Durch das Wort eignen wir uns an, was wir erleben, und verinnerlichen es. Das Wort macht unsere Erfahrung wahrhaft menschlich.

24. JUNI

In der Welt, nicht von der Welt

WORTE, DIE GEMEINSCHAFT STIFTEN

Das Wort ist immer ein Wort für andere. Worte wollen gehört werden. Bringen wir zu Wort, was wir leben und erleben, wollen diese Worte vernommen und erwidert werden. Ein Redner braucht Hörer, ein Schriftsteller Leser.

Wenn das Fleisch – die gelebte menschliche Erfahrung – Wort wird, kann Gemeinschaft entstehen. Sagen wir zueinander: »Ich muss dir erzählen, was ich gesehen habe.« »Komm, hör einmal, was ich gemacht habe.« »Setz dich, ich will dir berichten, was mir passiert ist.« »Rate mal, wen ich getroffen habe!«, dann führen wir Menschen zusammen und lassen unser Leben zu einem Leben für andere werden. Worte verbinden uns und führen uns in eine Gemeinschaft. Wenn das Fleisch Wort wird, wird unser Leib Teil eines Leibes vieler Menschen.

25. JUNI

In der Welt, nicht von der Welt

DIE MITTE SPRECHEN LASSEN

»**H**ab Mut!« sagen wir oft zueinander. Mut ist eine geistliche Tugend und christliche Grundhaltung. Früher gebrauchte man für Mut häufig das französische Wort Courage und bezeichnete einen beherzten Menschen als couragiert. Courage leitet sich ab vom lateinischen »cor«, das heißt »Herz«. Eine couragierte, mutige Tat wie ein couragiertes, mutiges Wort entspringen dem Herzen, wenngleich das Herz nicht gerade der Ort ist, an dem unsere Emotionen ihren Platz haben. Das Herz, wohl das bedeutungsreichste menschliche »Urwort«, bezeichnet die innerste Mitte unserer leib-geistigen Person, den Quellort der Gedanken und Erwägungen, des Planens, Wollens und Handelns, aber auch des affektiven Lebens, der Leidenschaften und Entschlüsse.

Ein mutiges, ein beherztes Leben ist ein aus der Mitte heraus geführtes Leben. Es ist ein tief verwurzeltes, im Gegensatz zu einem oberflächlichen Leben. »Hab Mut!« bedeutet deshalb: »Lass deine Mitte sprechen!«

26. JUNI

In der Welt, nicht von der Welt

GEISTLICHER MUT

Mutig sein erfordert, ein Risiko einzugehen. Das eine ist vom anderen nicht zu trennen. Einen Steilhang des Grand Canyon mit dem Mountainbike hinunterzufahren, sich in einem Fass durch die Niagara-Fälle treiben zu lassen, an der Fassade eines Wolkenkratzers bis zum Blitzableiter hochzuklettern oder den Atlantik in einem Ruderboot zu überqueren, wird allgemein als mutig angesehen, weil Menschen dabei ihr Leben riskieren. Aber keine dieser tollkühnen Unternehmungen entspringt der innersten Mitte unserer Person, sondern dem Verlangen, die Grenzen unserer körperlichen Leistungsfähigkeit zu testen und bekannt oder gar berühmt zu werden.

Geistlicher Mut ist etwas völlig anderes. Er folgt dem tiefsten Verlangen unseres Herzens und geht das Risiko ein, Ansehen und Bekanntheit zu verlieren. Geistlicher Mut verlangt von uns die Bereitschaft, unser zeitliches Leben zu verlieren, um ewiges Leben zu gewinnen.

27. JUNI

In der Welt, nicht von der Welt

MOBILITÄT NACH UNTEN

In unserer Zeit und Gesellschaft zählt alles, was nach »oben« führt. Den Spitzenplatz halten, auf dem Siegerpodest stehen, der Rekordhalter sein, das ist es, was Schlagzeilen macht und Aufmerksamkeit erregt, was die Blicke auf sich zieht, viel Geld, Preise und Berühmtheit bringt.

Doch der Weg, den Jesus beschreitet, ist ein radikal anderer. Es ist nicht der Weg der »Mobilität nach oben«, sondern der »Mobilität nach unten«, der Weg an den Tiefpunkt, das Stehen in der hintersten Reihe, das An-den-Rand-Treten statt Im-Mittelpunkt-Stehen.

Warum lohnt es sich, den hinabsteigenden Weg Jesu zu wählen, den Weg der Erniedrigung, den Weg zu den Armen, Gebrochenen, Leidenden, zu den an den Rand der Gesellschaft Gedrängten, zu den Einsamen, Hungernden, Sterbenden, Gequälten, den Heimatlosen – zu allen, die um Mit-Leid rufen? Es lohnt sich, weil es der wahre Weg ist, der nach »oben«, in das Reich Gottes führt, der Weg, den Jesus ging und der in unvergängliches Leben mündet.

DAS KREUZ AUF SICH NEHMEN

Jesus sagt zu seinen Jüngern: »Wer mein Jünger sein will, der verleugne sich selbst, nehme sein Kreuz auf sich und folge mir nach« (Matthäusevangelium 16,24). Jesus sagt nicht: »Mach dir ein Kreuz!« oder »Such dir ein Kreuz!« Jeder hat ein Kreuz zu tragen. Keiner braucht sich ein Kreuz zu machen oder danach zu suchen. Das Kreuz, das wir haben, ist schwer genug für uns. Aber sind wir denn bereit, es auf uns zu nehmen, es als unser Kreuz anzunehmen?

Vielleicht finden wir keinen Studien- oder Ausbildungsplatz, vielleicht genießen wir nicht den Vorzug, Arbeit zu haben, vielleicht macht uns unsere Gesundheit zu schaffen, vielleicht sind wir oft niedergedrückt, vielleicht machen wir uns Sorgen wegen unserer Kinder, vielleicht sind wir Zielscheibe von Beleidigungen, der Prügelknabe für alles, was schiefgeht, Opfer von Gewalt. Wir haben uns nichts von all dem ausgesucht, aber es sind unsere Kreuze. Wir können sie ignorieren, ablehnen, uns ihnen verweigern oder sie hassen. Wir können diese Kreuze aber auch auf uns nehmen und mit ihnen Jesus nachfolgen.

*I*m Gleichnis vom »Verlorenen Sohn« (Lukasevangelium 15, 11-32) ist von zwei Söhnen die Rede: einem jüngeren, der eines Tages seine Sachen zusammenpackt und in ein fernes Land zieht, und einem älteren, der bei seinem Vater zu Hause bleibt und seine Pflicht tut. Der jüngere Sohn verbringt die Zeit mit Vergnügen, Trinken und Sex; der ältere plagt sich bei harter täglicher Arbeit im Haus und auf dem Feld. Der eine wie der andere Sohn ist verloren. Ihr Vater weint über beide, weil er bei keinem die Nähe und Wärme erfährt, nach der er sich sehnt.

Sowohl Genießen wie kaltes Gehorchen können uns daran hindern, wahre Kinder Gottes zu sein. Ob wir auf der Seite des jüngeren oder älteren Sohnes stehen: Wir müssen heimkehren, zu dem Ort zurückfinden, an dem wir von Gott in bedingungsloser Liebe in die Arme geschlossen werden und ruhen können.

JULI

Auf dem Weg

Heimgehen ist eine lebenslange Reise. Es gibt immer Teile unseres Ichs, die in die Irre gehen oder im Groll stecken bleiben. Ohne dass es uns bewusst ist, versteigen wir uns in erregende Träumereien oder in verdrießliches Grübeln. Unsere Tag- oder Nachtträume erinnern uns oft daran, wie weit wir von unserem Weg abgekommen sind. Geistliche Übungen wie Beten, Fasten und Gute-Werke-Tun sind hilfreiche Wege der Heimkehr. Oft sehen wir erst während des Heimgehens, wie lang der Weg ist. Doch brauchen wir nicht den Mut zu verlieren, denn wir sind nicht allein unterwegs.

Jesus reist mit uns und spricht zu uns. Wenn wir aufmerksam hinhören, werden wir entdecken, dass wir schon auf dem Heimweg daheim und beim Vater sein können.

1. JULI

Auf dem Weg

VATER UND MUTTER WERDEN

Was fangen wir an, wenn wir heimgekehrt sind? Wenn die beiden Söhne im Gleichnis vom Verlorenen Sohn zu ihrem Vater zurückgekehrt sind, wie geht es dann weiter? Die Antwort ist einfach: Sie müssen selbst Vater werden.

Söhne müssen Väter werden, Töchter Mütter. Das Kind-Gottes-Sein umfasst Heranwachsen und Wie-Gott-Werden. Jesus zögert nicht zu sagen: »Ihr sollt vollkommen sein, wie es auch euer himmlischer Vater ist, und barmherzig, wie es auch euer Vater ist« (vgl. Matthäusevangelium 5,48; Lukasevangelium 6,36). Wie soll das gehen? Wir müssen unsere verlorenen Brüder und Schwestern daheim willkommen heißen, dann heißt uns auch unser Vater daheim willkommen.

2. JULI

Auf dem Weg

WILLKOMMEN DAHEIM

Wie heißen wir unsere verlorenen Brüder und Schwestern daheim willkommen? Wir müssen ihnen entgegenlaufen und sie in unsere Arme schließen. Wir müssen sie mit den besten Gewändern, die wir besitzen, bekleiden und sie als unsere lieben Gäste behandeln. Wir müssen ihnen das beste Essen anbieten und Freunde und Verwandte zu einem Fest einladen. Das Wichtigste aber: Wir dürfen keine Entschuldigungen oder Erklärungen verlangen, sondern nur unsere Freude darüber zum Ausdruck bringen, dass sie wieder bei uns sind (vgl. Lukasevangelium 15,20-24).

Das heißt vollkommen sein, wie es auch unser himmlischer Vater ist. Es heißt von Herzen vergeben, ohne eine Spur von Selbstgerechtigkeit, von Beschuldigung oder gar neugierigem Fragen. Die Vergangenheit ist getilgt. Was zählt, ist das Hier und Jetzt, da unser Herz Dankbarkeit erfüllt über die Heimkehr unserer Brüder und Schwestern.

3. JULI

Auf dem Weg

DIE TRÄNEN DES VATERS

In der Geschichte vom Verlorenen Sohn hat der Vater viel gelitten. Er musste zusehen, wie der jüngere Sohn das Elternhaus verließ; er erfuhr von seinem zügellosen Leben, den Erniedrigungen und Peinigungen. Er sah auch den wachsenden Ärger und die Verbitterung seines älteren Sohnes, der nicht dazu fähig war, ihm Zuneigung und Beistand zu geben. Einen großen Zeitabschnitt im Leben des Vaters nimmt das Warten ein. Er konnte den jüngeren Sohn nicht zwingen heimzukommen, ebensowenig den älteren Sohn, seinen Unmut und Groll aufzugeben. Nur die Söhne selbst konnten die Initiative zur Rückkehr ergreifen.

Während dieser langen Jahre des Wartens vergoss der Vater viele Tränen und starb viele Tode. Er war vom Leiden ausgebrannt und leer. Diese Leere aber schuf einen Ort, an dem er seine Söhne, als die Zeit ihrer Rückkehr gekommen war, begrüßen konnte. Wir sind aufgerufen, wie dieser Vater zu werden.

4. JULI

Auf dem Weg

SOWOHL VATER- ALS AUCH MUTTERLIEBE

*I*n der Geschichte vom Verlorenen Sohn ist der Vater auch Mutter. Er eilt seinem Sohn entgegen, fällt ihm um den Hals und küsst ihn, er lässt das beste Gewand für ihn holen, lässt ihm einen Ring an die Hand stecken und die Schuhe anziehen, bereitet ihm ein großes Fest. Das alles gehört nicht zum typischen Verhalten eines auf Würde und Abstand bedachten Patriarchen. Vielmehr spricht aus all dem so viel Zärtlichkeit, Fürsorge und nachsichtiges Vergeben, dass wir auf eine mütterliche wie auch väterliche Liebe in ihrer ganzen Fülle schließen dürfen.

Die vollkommene Liebe unseres himmlischen Vaters umfasst alle Liebe, die Vater und Mutter ihren Kindern entgegenbringen können, und sie reicht über sie hinaus. Wir dürfen im liebevollen Umarmen Gottes eine mütterliche und eine väterliche Hand erkennen: Die eine streichelt zärtlich, tröstet und besänftigt, die andere unterstützt, ermutigt und ermächtigt. Auch wir sind berufen, denen Vater und Mutter zu sein, die nach Hause kommen wollen.

5. JULI

Auf dem Weg

EIFERSUCHT UND NEID

Schnell regen sich in unserem Herzen Eifersucht und Neid. Im Gleichnis vom Verlorenen Sohn ist der ältere Sohn darauf eifersüchtig, dass seinem jüngeren Bruder ein so königlicher Empfang bereitet wird, obwohl er das Vermögen des Vaters mit Dirnen durchgebracht hat (vgl. Lukasevangelium 15,30). Auch im Gleichnis von den Arbeitern im Weinberg sind die Männer, die den ganzen Tag gearbeitet haben, neidisch: Sie beschweren sich, dass die Arbeiter, die der Besitzer des Weinbergs erst um die elfte Stunde angeworben hatte, denselben Lohn erhalten wie sie (vgl. Matthäusevangelium 20,1-16).

Aber der Vater sagt dem älteren Sohn: »Du bist immer bei mir, und alles, was mein ist, ist auch dein« (Lukasevangelium 15,31). Ebenso sagt der Besitzer des Weinbergs: »Bist du neidisch, weil ich (zu anderen) gütig bin?« (Matthäusevangelium 20,15).

Freuen wir uns wirklich über Gottes unbegrenzte Großzügigkeit, werden wir für das, was unsere Brüder und Schwestern erhalten, dankbar sein. Eifersucht und Neid werden einfach keinen Platz in unserem Herzen haben.

6. JULI

Auf dem Weg

ZEIT HEILT WUNDEN

»**D**ie Zeit heilt alle Wunden«, sagt man. Das stimmt nicht, wenn damit gemeint ist, wir sollten die uns zugefügten Wunden möglichst vergessen und so leben, als sei nichts geschehen. Es wäre keine wahre Heilung, sondern ein Ignorieren der Wirklichkeit.

Wenn mit dem Sprichwort »Zeit heilt Wunden« allerdings gesagt ist, dass treu zu einer Beziehung stehen – selbst wenn sie unglücklich und unbefriedigend ist – uns besser verstehen lassen kann, wodurch wir einander verletzt haben, dann ist daran viel Wahres. »Die Zeit heilt alle Wunden« meint kein untätiges Warten, sondern ein aktives Arbeiten an unserem Schmerz und das Vertrauen auf die Möglichkeiten des Vergebens und der Versöhnung.

7. JULI

Auf dem Weg

VERWUNDETE HEILER

Niemand kommt ohne Verwundung davon. Wir alle sind verwundete Menschen, ob körperlich, emotional, geistig oder geistlich. Die entscheidende Frage dabei ist aber nicht: »Wie können wir unsere Wunden vor den Augen anderer verbergen?«, damit wir uns nicht schämen müssen, sondern: »Wie können wir unsere Verwundbarkeit in den Dienst anderer stellen?« Sobald unsere Wunden für uns kein Grund mehr zur Scham sind und Grund zur Heilung werden, sind wir verwundete Heiler geworden.

Jesus Christus ist Gottes verwundeter Heiler: Durch seine Wunden sind wir geheilt. Sein Leiden und sein Tod brachten Freude und Leben, seine Erniedrigung brachte uns Herrlichkeit, seine Zurückweisung eine Gemeinschaft der Liebe.

8. JULI

Auf dem Weg

ZUERST DIE EIGENEN WUNDEN PFLEGEN

Unsere eigenen Erfahrungen der Einsamkeit, Angst, Niedergeschlagenheit oder Mutlosigkeit können vor allem dann eine Gabe für andere werden, wenn wir dabei Hilfe und Fürsorge erfuhren. Solange unsere Wunden noch offen liegen und bluten, stoßen wir andere damit ab. Hat sich aber jemand unserer Wunden fürsorgend angenommen, erschrecken sie uns und andere nicht mehr.

Erfahren wir die heilende Gegenwart eines anderen Menschen, können wir unsere eigene Gabe zu heilen entdecken. Unsere Wunden werden uns dann dazu führen, uns mit unseren verwundeten Brüdern und Schwestern solidarisch zu fühlen.

9. JULI

Auf dem Weg

MIT UNSEREN WUNDEN ZUHÖREN

*U*ns mit einem Leidenden solidarisch zu erklären heißt nicht, mit ihm über unsere eigenen Leiden sprechen zu müssen. Das Aufzählen der eigenen Leiden hat selten jemandem geholfen, der selber leidet. Ein verwundeter Heiler zeichnet sich dadurch aus, dass er einem anderen verwundeten, leidenden Menschen zuhören kann, ohne über seine eigenen Wunden zu sprechen.

Haben wir selbst einmal die finstere Schlucht einer Depression durchschritten, werden wir einem niedergedrückten, depressiven Freund sehr aufmerksam und verständnisvoll zuhören können, ohne dabei unsere Erfahrung zu erwähnen. Es ist meist besser, die Aufmerksamkeit eines Leidenden nicht auf uns zu lenken. Wir müssen darauf vertrauen, dass unsere eigenen verbundenen Wunden es zulassen werden, dem anderen mit unserer ganzen Existenz zuzuhören. Darin besteht Heilen.

10. JULI

Auf dem Weg

ZEIT ZU EMPFANGEN UND ZEIT ZU GEBEN

Wir müssen wissen, wann wir anderen Beachtung schenken können und wann wir selbst Beachtung brauchen. Meistens möchten wir geben, geben und noch mal geben, ohne je empfangen zu wollen. Dabei halten wir dies vielleicht für Großzügigkeit, wenn nicht gar für Heroismus. In Äußerungen wie »Ich brauche von anderen keine Hilfe, ich möchte nur geben« dürfte allerdings noch etwas anderes als eine stolze Haltung stecken. Wollen wir nur geben, ohne auch zu empfangen, werden wir in kurzer Zeit ausgebrannt sein. Nur wenn wir genau auf unsere eigenen körperlichen, emotionalen, geistigen und geistlichen Bedürfnisse achten, können wir »frohe Geber« sein und bleiben.

Es gibt eine Zeit zu geben, und es gibt eine Zeit zu empfangen. Für das eine wie das andere müssen wir in gleichem Maße Zeit haben, wollen wir ein gesundes Leben führen.

11. JULI

Auf dem Weg

SPEISE FÜR DIE WELT

Als Jesus am Abend vor seinem Leiden das Brot nahm, es segnete, brach und seinen Jüngern gab, fasste er in dieser Geste sein ganzes Leben zusammen. Jesus wurde vor aller Ewigkeit auserwählt, bei der Taufe im Jordan gesegnet, durch den Tod am Kreuz gebrochen und als Brot der Welt hingegeben. Ausgewählt, gesegnet, gebrochen und hingegeben werden sind die Stationen der heiligen Reise des Gottessohnes Jesus Christus.

Wenn wir das Brot nehmen, es segnen, brechen und mit den Worten »Der Leib Christi« reichen, verpflichten wir uns, unser Leben mit dem Leben Jesu Christi in Einklang zu bringen. Auch wir wollen als Menschen leben, die ausgewählt, gesegnet und gebrochen wurden, um Speise für die Welt zu sein.

12. JULI

Auf dem Weg

AUSERWÄHLT

Jesus wurde von Gott ausersehen, oder besser: von Gott auserwählt. Jesus ist der Auserwählte. Gott hat vor aller Zeit sein kostbarstes Kind auserwählt, der Erlöser der Welt zu werden. Das »Auserwähltsein« bezeichnet eine besondere Beziehung: erkannt, einzigartig geliebt und ausersehen zu sein. In unserer Gesellschaft bedeutet Auserwähltsein auch immer, dass andere nicht auserwählt wurden. Bei Gott hingegen gilt dies nicht. Gott hat seinen Sohn auserwählt, um uns *unsere* Auserwählung zu offenbaren.

Im Reich Gottes gibt es kein Konkurrieren oder Rivalisieren. Der Sohn Gottes lässt uns an seiner Auserwählung teilhaben. Im Reich Gottes ist jeder Mensch kostbar und einzigartig, und jedem Menschen wurden Augen gegeben, um diese Auserwählung der anderen zu sehen und sich an ihr zu erfreuen.

13. JULI

Auf dem Weg

GESEGNET

Jesus ist der Gesegnete. Nachdem Jesus im Jordan von Johannes getauft worden war und aus dem Wasser stieg, sah er, wie sich der Himmel öffnete und der Heilige Geist in Gestalt einer Taube auf ihn herabkam. Und eine Stimme aus dem Himmel sprach: »Du bist mein geliebter Sohn, an dir habe ich Gefallen gefunden« (Markusevangelium 1,10f). Von diesem Segen wurde Jesus sein ganzes Leben lang getragen und geleitet. Was ihm auch widerfuhr – Lob und Jubel, Tadel und Schmähung –, er hielt an diesem Segen fest; immer erinnerte er sich daran, dass er Gottes »geliebtes Kind« ist.

Jesus kam in die Welt, um diesen Segen mit uns zu teilen. Er kam, um uns die Ohren für die Stimme zu öffnen, die auch zu uns sagt: »Du bist mein geliebter Sohn, du bist meine geliebte Tochter, an dir habe ich Gefallen gefunden.« Wenn wir auf diese Stimme hören, ihr vertrauen und uns immer an sie erinnern, vor allem dann, wenn Dunkelheit um uns ist, wird dieses Geliebtsein die tragende Kraft unseres Lebens werden und uns ermutigen, diesen Segen mit anderen zu teilen.

GEBROCHEN

Jesus wurde am Kreuz gebrochen. Er lebte sein Leiden und seinen Tod nicht als ein Übel, das es um jeden Preis zu vermeiden galt, sondern als eine Sendung, die ihm vom Vater aufgetragen worden war. Auch wir sind gebrochen. Wir leben mit einem gebrochenen Leib, einem gebrochenen Herzen, gebrochenem Gemüt oder gebrochenem Geist. Wir leiden unter zerbrochenen Beziehungen.

Wie können wir mit unserer Gebrochenheit leben? Jesus lädt uns ein, sie zu umarmen, wie er das Kreuz umarmte, und sie als Teil unserer Sendung zu leben. Jesus verlangt von uns nicht, unsere Gebrochenheit als einen Fluch Gottes, der uns an unsere Sündhaftigkeit erinnert, abzulehnen, sondern sie anzunehmen und zu unserer Läuterung und Heilung unter den Segen Gottes zu stellen. So kann unsere Gebrochenheit ein Zugang zu neuem Leben werden.

15. JULI

Auf dem Weg

HINGEGEBEN

Jesus wird der Welt gegeben. Er wurde auserwählt, gesegnet und gebrochen, um hingegeben zu werden. Jesu Leben und Tod waren ein Leben und ein Tod für andere. Der geliebte Sohn, der von Gott vor aller Zeit auserwählt worden war, wurde am Kreuz gebrochen, so dass dieses einzelne Leben sich vervielfältigen und zur Speise für die Menschen aller Orte und aller Zeiten werden konnte.

Als Gottes geliebte Kinder sollten wir daran glauben, dass unser kurzes Leben – wenn wir es als erwählte und gesegnete Kinder Gottes leben – deshalb gebrochen wird, um anderen gegeben zu werden. In der Hingabe wird sichtbar, dass wir nicht einfach um unser selbst willen auserwählt, gesegnet und gebrochen werden, sondern dass alles, was wir leben, letztlich seine Bedeutung darin findet, dass wir es für *andere* leben.

Auch wir müssen Brot für die Welt werden. Stellen wir unsere Gebrochenheit unter den Segen, wird unser Leben von Geschlecht zu Geschlecht Früchte tragen. Es ist die Geschichte der Heiligen – die gestorben sind, aber in den Herzen derer, die nach ihnen kommen, lebendig sind –, und es kann auch unsere Geschichte werden.

16. JULI

Auf dem Weg

DER LEBENDIGE CHRISTUS WERDEN

Wenn wir uns bei der Feier der Eucharistie um den Tisch des Herrn versammeln, das Brot nehmen, es segnen, brechen und einander mit den Worten reichen: »Der Leib Christi«, wissen wir, dass Christus unter uns ist: nicht durch ein vages Sich-Erinnern, ein bloßes Gedenken an einen Menschen, der vor fast zweitausend Jahren gelebt hat, sondern real präsent. Es ist eine Leben spendende, uns umwandelnde Gegenwart. Indem wir den Leib Christi essen, werden wir der lebendige Christus und fähig sein, unser eigenes Erwähltsein und Gesegnetsein wie auch unser Gebrochensein zu erkennen. Wir vertrauen auch darauf, dass unser Leben ein Leben für andere ist. So werden wir wie Jesus selbst Speise für die Welt.

17. JULI

Auf dem Weg

DER LEIB DER GEMEINSCHAFT

Wenn wir uns um den Tisch des Herrn versammeln und miteinander das Brot brechen, werden wir nicht nur als einzelne, sondern auch als Gemeinschaft umgewandelt. Als Menschen unterschiedlichen Alters, unterschiedlicher Herkunft und mit unterschiedlichen Lebensgeschichten werden wir *ein* Leib. So sagt der heilige Paulus: »*Ein* Brot ist es. Darum sind wir viele *ein* Leib, denn wir alle haben teil an dem *einen* Brot« (1 Korintherbrief 10,17).

Nicht nur als einzelne Person, sondern auch als Gemeinschaft werden wir der lebendige Christus, werden genommen, gesegnet, gebrochen und der Welt gegeben. Als der eine Leib werden wir lebendige Zeugen von Gottes großem Verlangen, alle Völker und Nationen zur *einen* Familie Gottes zusammenzuführen.

18. JULI

Auf dem Weg

CHRISTUS IN DEN LEIDENDEN GEMEINSCHAFTEN

Gemeinschaften leiden ebenso wie einzelne Menschen. Auf der ganzen Welt gibt es große Gruppen, die verfolgt, misshandelt, ausgebeutet und Opfer von Verbrechen werden: leidende Familien, leidende Freundeskreise, leidende religiöse Gemeinschaften, leidende Volksgruppen und ganze leidende Nationen. In diesen leidenden Menschen müssen wir den leidenden Christus sehen. Auch diese wurden ausgewählt, gesegnet, gebrochen und der Welt gegeben.

Indem wir einander dazu aufrufen, die Schreie dieser Menschen nicht zu überhören, indem wir gemeinsam für Gerechtigkeit und Frieden eintreten, tragen wir Sorge für Christus, der für das Heil unserer Welt litt und starb.

19. JULI

Auf dem Weg

WER IST MEIN NÄCHSTER?

»Du sollst deinen Nächsten lieben wie dich selbst«, sagte Jesus dem Gesetzeslehrer (Matthäusevangelium 22,37-39). Wer aber ist mein Nächster? Darauf erwidern wir meist: »Meine Nächsten sind alle Menschen, mit denen ich auf dieser Erde zusammenlebe, vor allem aber die Kranken, die Hungernden, die Sterbenden und alle, die Not leiden.«

Doch Jesus sagt etwas anderes. Als Antwort auf die Frage »Wer ist mein Nächster?« erzählt er die Geschichte vom Barmherzigen Samariter (vgl. Lukasevangelium 10,29-37) und stellt am Schluss dem Gesetzeslehrer die Frage: »Was meinst du: Wer ... hat sich als der Nächste dessen erwiesen, der von den Räubern überfallen wurde?« (Lukasevangelium 10,36). Der Nächste, stellt Jesus klar, ist nicht der niedergeschlagene, ausgeplünderte, halbtot am Straßenrand liegende Mann, sondern der Samariter, der gerade vorbeikam. Er hatte Mitleid, als er den Mann am Boden liegen sah, überquerte die Straße, um zu ihm zu kommen, »goss Öl und Wein auf seine Wunden und verband sie. Dann hob er ihn auf und brachte ihn zu einer Herberge«, wo er für ihn sorgen ließ.

Mein Nächster, das ist derjenige, der für mich die Straße überquert und sich meiner annimmt.

DIE STRASSE ÜBERQUEREN, UM SICH DES ANDEREN ANZUNEHMEN

Wir werden dann einander Nächste, wenn wir bereit sind, »die Straße zu überqueren«, aufeinander zuzugehen. Es gibt viele Trennungslinien zwischen linkem und rechtem Straßenrand: zwischen schwarzen und weißen Menschen, zwischen Jungen und Alten, Kranken und Gesunden, zwischen Vorbestraften und Unbescholtenen, zwischen Juden und Heiden, Muslimen und Christen, Protestanten und Katholiken, zwischen unierten und nicht-unierten Orthodoxen und so fort.

Es gibt viele Straßen und Trennungslinien, die überquert werden müssen. Wir alle sind viel mit uns beschäftigt und sehen nicht bis zum anderen Straßenrand. Wir haben unsere eigenen Leute, zu denen wir gehen, und unsere eigenen Angelegenheiten, um die wir uns kümmern. Würden wir aber einmal die Straße überqueren und danach schauen, was auf der anderen Seite passiert, könnten wir einander Nächste werden.

21. JULI

Auf dem Weg

GRÄBEN ÜBERBRÜCKEN

*U*m einander Nächste zu werden, müssen wir die Gräben, die Menschen oft voneinander trennen, überbrücken. Solange eine Kluft zwischen uns liegt, können wir einander nicht in die Augen sehen und lassen falsche Vorstellungen und Meinungen aufkommen. Wir nennen sie die »da drüben«, machen uns über sie lustig, überschütten sie mit Vorurteilen und gehen Kontakten aus dem Wege. Wir betrachten sie als Feinde und vergessen, dass sie nicht anders lieben als wir und sich nicht anders um ihre Kinder sorgen als wir, krank werden und sterben wie wir. Wir vergessen, dass sie unsere Brüder und Schwestern sind und behandeln sie wie Sachen, die man, wenn man will, auch zerstören kann.

Nur wenn wir den Mut fassen, die Straße zu überqueren, den Graben zu überspringen, um zu ihnen zu gehen und einander in die Augen zu sehen, werden wir erkennen, dass sie Kinder desselben Gottes sind und Mitglieder derselben Menschheitsfamilie.

22. JULI

Auf dem Weg

WAS WIR EMPFINDEN, IST NICHT DER, DER WIR SIND

*U*nser Gefühlsleben ist ein ständiges Auf und Ab. Manchmal erleben wir wahre Wechselbäder unserer Gefühle, schwanken zwischen Glücklichsein und Niedergeschlagensein, zwischen Freude und Schmerz, zwischen innerer Harmonie und innerem Chaos. Eine unbedeutende Begebenheit, eine zufällige Bemerkung, eine Enttäuschung im Beruf und vieles andere können solche Stimmungsschwankungen auslösen. Gewöhnlich haben wir wenig Einfluss auf diesen Wechsel der Gefühle. Es scheint eher so zu sein, dass sie uns einfach widerfahren, als dass sie durch uns herbeigeführt wurden.

Deshalb müssen wir wissen, dass unser emotionales Leben und unser geistliches Leben nicht dasselbe sind. Unser geistliches Leben ist das Leben des Geistes Gottes in uns. Wenn wir spüren, dass unsere Gefühlslage umschlägt, müssen wir unseren Geist mit dem Geist Gottes verbinden und uns daran erinnern, dass das, was wir empfinden, nicht der ist, der wir sind. Wir sind und bleiben, ungeachtet unserer Stimmungen, Gottes geliebte Kinder.

23. JULI

Auf dem Weg

DIE MACHT DER STIMMUNGEN

Sind wir dazu verurteilt, hilflose Opfer unserer Stimmungen zu sein? Dürfen wir einfach sagen: »Ich fühle mich heute ausgezeichnet« oder »Ich fühle mich heute furchtbar« und von anderen verlangen, dass sie mit unseren Stimmungen leben?

Wenn es auch sehr schwer ist, unsere Stimmungen unter Kontrolle zu halten, können wir sie dennoch durch ein bewusstes spirituelles Leben allmählich zügeln und regulieren und uns davor schützen, aus Stimmungen heraus zu handeln. Vielleicht fühlen wir uns am Morgen nicht gerade so in Form, um mit Schwung aufzustehen, weil wir »das Gefühl haben«, dass sich das Leben nicht lohnt, uns niemand liebt und unsere Arbeit vergeblich ist. Geben wir uns aber einen Ruck und stehen auf, um dann einen Abschnitt aus der Bibel zu lesen, mit Andacht einen Psalm zu beten und Gott für den neuen Tag, den er uns geschenkt hat, zu danken und uns über ihn zu freuen, dann wird unsere Stimmung sich bald erhellen und ihre Macht über uns verlieren.

24. JULI

Auf dem Weg

AUF UNSERE GEISTLICHEN VORRÄTE ZURÜCKGREIFEN

Wenn uns jemand verletzt, beleidigt, ignoriert oder zurückweist, weckt es bei uns Empörung und Protest. Wir geraten in Wut oder sind niedergeschlagen, trachten nach Rache oder quälen uns selbst. Wir spüren den Drang, die zu verletzen, die uns verletzt haben, oder ziehen uns in eine zerstörerische Selbstablehnung zurück. Wenn solche extremen Reaktionen vielleicht auch die Ausnahme bilden, sind sie unserem Herzen dennoch niemals fern. Während langer schlafloser Nächte grübeln wir über einzelne Worte oder Taten, die wir auf das, was andere uns gesagt oder angetan haben, zur Antwort geben könnten.

Ist dieser Punkt erreicht, müssen wir auf unsere geistlichen Vorräte zurückgreifen und unsere innere Mitte finden, jene Mitte, die außerhalb unseres Bedürfnisses liegt, andere oder uns selbst zu verletzen, dort, wo wir die Freiheit haben, zu vergeben und zu lieben.

25. JULI

Auf dem Weg

*U*nser emotionales und unser geistliches Leben unterliegen einer eigenen Dynamik. Die vielen Höhen und Tiefen unseres emotionalen Lebens hängen zum großen Teil von unserer früheren oder jetzigen Umgebung ab. Wir sind glücklich, traurig, ängstlich, ärgerlich, begeistert, niedergeschlagen, liebenswürdig, besorgt, boshaft oder rachsüchtig aus Gründen, die schon längere Zeit zurückliegen, oder wegen einer Begebenheit, die sich eben erst zugetragen hat.

Die Höhen und Tiefen unseres geistlichen Lebens hängen von unserem Gehorsam ab, das heißt von unserem aufmerksamen Hören auf die Regungen des Geistes Gottes in uns. Ohne dieses Hören verflacht unser geistliches Leben nach und nach und wird zum Treibgut in den hoch- und niedergehenden Wogen unserer Emotionen.

26. JULI

Auf dem Weg

EIN BLICK AUF UNSER GEISTLICHES LEBEN

Wenngleich unser emotionales und geistliches Leben sich voneinander unterscheiden, haben sie doch großen Einfluss aufeinander. Unsere Gefühle gewähren uns oft einen Blick auf unseren geistlichen Reiseweg. Wenn es uns nicht gelingt, uns von Eifersucht und Neid zu lösen, sollten wir uns fragen, ob wir noch in Kontakt mit dem Geist in uns sind, der »Abba«, das heißt »lieber Vater« ruft. Wenn wir einen tiefen Frieden in uns verspüren und in unserer Mitte ruhen, ist es ein Zeichen dafür, dass wir es ernst nehmen, von Gott geliebt zu sein.

Ebenso kann uns unser Gebetsleben als gelebte, glaubwürdige Antwort auf die Gegenwart des Geistes in uns einen Blick auf unsere Emotionen, Gefühle und Leidenschaften werfen lassen und uns Hinweise darauf geben, wie sie unserer langen Reise zum Herzen Gottes dienlich sein können.

27. JULI

Auf dem Weg

UNSER TEMPERAMENT IN DEN DIENST GOTTES STELLEN

Unser Temperament, mag es aufbrausend, phlegmatisch, introvertiert oder extrovertiert sein, ist ein fester Bestandteil unserer Persönlichkeit. Wie wir aber unser Temperament in der Wirklichkeit des Alltags »einsetzen«, kann sehr variieren. Wenn wir aufmerksam auf den Geist Gottes in uns hören, werden wir allmählich lernen, unser Temperament in den Dienst eines lauteren, gottgefälligen Lebens zu stellen.

Dann wird aufbrausender Charakter großen Eifer für das Reich Gottes wecken, Phlegma einen kühlen Kopf in Krisenzeiten zu bewahren helfen, Introvertiertheit eine kontemplative Neigung vertiefen und Extrovertiertheit zu schöpferischem Dienst anspornen.

28. JULI

Auf dem Weg

GEISTLICHE DÜRRE

Es gibt Zeiten, in denen wir eine zerstörende Trockenheit in unserem geistlichen Leben erfahren. Das Verlangen zu beten erlischt, Erfahrungen der Gegenwart Gottes verblassen, Gottesdienste langweilen, und selbst das, was wir von Gott, Jesus Christus und dem Heiligen Geist glaubten, erscheint fast wie ein Märchen.

In solch einer Situation müssen wir uns zu Bewusstsein bringen, dass fast alle diese Gefühle und Gedanken nichts weiter als eben Gefühle und Gedanken sind und der Geist Gottes jenseits unserer Gefühle und Gedanken wohnt. Es ist ein großes Geschenk, Gottes Gegenwart in unseren Gefühlen und Gedanken erfahren zu können. Sind wir dazu aber nicht fähig, so muss das nicht heißen, dass Gott abwesend ist. Vielmehr bedeutet dies oft, dass Gott uns zu großer Glaubenstreue aufruft.

Gerade in Zeiten geistlicher Trockenheit sollten wir an unseren gewohnten geistlichen Pflichten und Übungen festhalten, damit wir zu einer neuen Vertrautheit mit Gott finden.

29. JULI

Auf dem Weg

ZWEIERLEI EINSAMKEIT

Im geistlichen Leben müssen wir zwischen zwei Arten von Einsamkeit unterscheiden. Bei der ersten Einsamkeit haben wir den Kontakt zu Gott verloren und erleben, wie wir ängstlich irgend jemanden oder irgend etwas suchen, der oder das uns ein Gefühl von Geborgenheit, Nähe und Daheimsein geben kann. Die zweite Art von Einsamkeit entspringt einer Nähe zu Gott, die tiefer und inniger ist, als sie unsere Gefühle und Gedanken je erlangen könnten.

Diese zwei verschiedenen Einsamkeiten dürfen wir als zwei Arten von Blindheit verstehen. Die erste Blindheit ist die Folge eines Mangels an Licht, die zweite eine Folge von zuviel Licht. Die erste Einsamkeit müssen wir mit Glaube und Hoffnung zu überwinden suchen, die zweite in Liebe bereitwillig annehmen.

30. JULI

Auf dem Weg

JESU EINSAMKEIT

Als Jesus am Kreuze hing und seinem Tode nahe war, konnte er Gottes Gegenwart nicht mehr erfahren. Um die neunte Stunde, als eine Finsternis im ganzen Land herrschte, rief er laut: »Mein Gott, mein Gott, warum hast du mich verlassen?« (Matthäusevangelium 27,46). Dennoch hielt er in liebendem Vertrauen an der Wahrheit fest, dass Gott mit ihm ist, und sagte: »Vater, in deine Hände lege ich meinen Geist« (Lukasevangelium 23,46). Die Einsamkeit und Verlassenheit des Kreuzestodes führte Jesus zur Auferstehung.

Mit zunehmenden Lebensjahren werden wir oft eingeladen, Jesus in diese Einsamkeit zu folgen, in der uns Gott zu nahe ist, um mit unserem kleinmütigen Herzen und unzulänglichen Verstand erfahren zu werden. Tritt dies ein, dann lasst uns um die Gnade beten, unseren Geist wie Jesus in die Hände Gottes zu legen.

31. JULI

Auf dem Weg

AUGUST

Das Leben wählen

MIT JESUS ERHÖHT

Jesu Tod und Auferstehung sind der Weg, auf dem Gott allen Menschen die Tür zum ewigen Leben öffnet. Jesus sagt: »Wenn ich über die Erde erhöht bin, werde ich alle zu mir ziehen« (Johannesevangelium 12,32). Tatsächlich werden alle Menschen aller Zeiten und Orte mit Jesus am Kreuz und in das neue Leben der Auferstehung erhöht. Daher ist Jesu Tod ein Tod für die ganze Menschheit und seine Auferstehung eine Auferstehung für die ganze Menschheit.

Kein Mensch aus Vergangenheit, Gegenwart und Zukunft ist von dem großen Auszug Jesu aus der Sklaverei in die Freiheit, aus dem Land der Verbannung in das Land der Verheißung, aus dem Tod in ewiges Leben ausgeschlossen.

TOD, WO IST DEIN SIEG?

Das Geheimnis der Menschwerdung Christi bildet den Kern unseres Glaubens. Es besagt, dass Gott in der Person Jesu Christi Fleisch angenommen hat, um alles menschliche Fleisch mit göttlichem Leben zu bekleiden.

Unser Leben ist hinfällig, vergänglich, dem Tode geweiht. Seitdem Gott aber durch Jesus Christus unser »Dasein zum Tode« teilte, hat der Tod nicht mehr das letzte Wort, sondern hat das Leben gesiegt. Der heilige Paulus schreibt an die Christen in Korinth: »Wenn sich aber dieses Vergängliche mit Unvergänglichkeit bekleidet und dieses Sterbliche mit Unsterblichkeit, dann erfüllt sich das Wort der Schrift: ›Verschlungen ist der Tod vom Sieg. Tod, wo ist dein Sieg? Tod, wo ist dein Stachel‹« (1. Korintherbrief 15,54f).

Jesus hat die schicksalhafte Vergänglichkeit unseres Daseins aufgehoben und unserem Leben Ewigkeitswert verliehen.

2. AUGUST

Das Leben wählen

DIE OFFENE TÜR

Jesus Christus ist die Tür zu einem Leben in und mit Gott. In der Bildrede vom Hirten und von den Schafen (Johannesevangelium 10,1-10) sagt Jesus: »Ich bin die Tür« (V 9), und beim Abschiedsmahl mit seinen Jüngern: »Ich bin der Weg und die Wahrheit und das Leben; niemand kommt zum Vater außer durch mich« (Johannesevangelium 14,6).

Viele Menschen haben aber niemals von Jesus gehört und werden niemals von ihm hören. Sie werden geboren, leben ihre Zeit und sterben, ohne Jesus Christus und seiner Botschaft je begegnet zu sein und sich je mit ihm befasst zu haben. Sind sie alle verloren? Gibt es für sie im Hause des Vaters keinen Platz?

Jesus Christus öffnete allen Menschen die Tür in das Haus seines Vaters, auch jenen, die niemals erfahren haben oder erfahren werden, dass Jesus sie geöffnet hat. Der Geist, den Jesus sandte, »weht, wo er will« (Johannesevangelium 3,8), und kann jeden durch die Tür in das Haus Gottes führen.

JESUS IM ARMEN

Was letzten Endes zählt, ist nicht, ob wir Jesus Christus und seine Botschaft kennen, sondern ob wir ein Leben im Geiste Jesu Christi führen. Der Geist Jesu Christi ist der Geist der Liebe. Er selbst hebt dies hervor, wenn er vom Ende der Zeit und dem Weltgericht spricht. Dann werden die Gerechten fragen: »Herr, wann haben wir dich hungrig gesehen und dir zu essen gegeben, oder durstig und dir zu trinken gegeben?« Und Jesus wird darauf antworten: »Was ihr für einen meiner geringsten Brüder getan habt, das habt ihr mir getan« (Matthäusevangelium 25,37.40).

Dieses Wort Jesu ist eine große Herausforderung und ein großer Trost. Jesus kommt zu uns im Armen, im Kranken, im Sterbenden, in den Gefangenen, den Verlassenen, den Benachteiligten, den an den Rand der Gesellschaft Gedrängten. In ihnen begegnen wir ihm; sie sind die für uns geöffnete Tür in das Haus Gottes.

4. AUGUST

Das Leben wählen

DEN UNERGRÜNDLICHEN REICHTUM TEILEN

Warum müssen wir hinausgehen bis an die Enden der Erde, um die Frohbotschaft Jesu zu verkünden, wenn die Menschen Jesus Christus nicht zu kennen brauchen, um in das Haus Gottes zu kommen? Wir müssen hinausgehen, weil wir die Liebe und Hoffnung, die Freude und den Frieden, die Jesus uns in überreichem Maße brachte, mit allen Menschen teilen möchten. Wir möchten »den unergründlichen Reichtum Christi verkündigen und enthüllen, wie jenes Geheimnis Wirklichkeit geworden ist, das von Ewigkeit her in Gott, dem Schöpfer des Alls, verborgen war« (Epheserbrief 3,8f).

Wir haben etwas so Kostbares empfangen, dass wir es nicht für uns behalten können, sondern uns gezwungen fühlen, es jedem Menschen auf der Erde zu bringen.

5. AUGUST

Das Leben wählen

IN FREUDE ZEUGNIS GEBEN

Es sollte keine Last oder schwere Verpflichtung sein, über Jesus Christus und sein Werk der Erlösung zu sprechen. Gehen wir in der Einstellung zu den Menschen, dass sie verloren und *wir* Versager sind, wenn sie unser Wissen von Jesus und seiner Botschaft nicht annehmen, ist es kaum möglich, wahre Zeugen zu sein.

Es ist eine große Befriedigung, wenn Menschen durch unser Zeugnis erkennen, dass Jesus Christus der göttliche Erlöser ist, der ihnen den Weg zu Gott eröffnet hat. Es ist ein wirklicher Grund, zu Dankbarkeit und Freude. Doch brauchen wir nicht enttäuscht zu sein, wenn unser Zeugnis, Gottes Liebe unter den Menschen in Wort und Tat spürbar zu machen, sie nicht dazu führt, Jesus und sein Wort so anzunehmen, wie wir es tun.

6. AUGUST

Das Leben wählen

DEN FRIEDEN BEWAHREN

Was immer wir im Namen Jesu tun, stets müssen wir seinen Frieden im Herzen bewahren. Als Jesus die Jünger aussandte, damit sie den Menschen die Frohbotschaft verkünden, sagte er: »Wenn ihr in eine Stadt oder in ein Dorf kommt, erkundigt euch, wer es wert ist, euch aufzunehmen; bei ihm bleibt, bis ihr den Ort wieder verlasst. Wenn ihr in ein Haus kommt, dann wünscht ihm Frieden. Wenn das Haus es wert ist, soll der Friede, den ihr ihm wünscht, bei ihm einkehren. Ist das Haus es aber nicht wert, dann soll der Friede zu euch zurückkehren« (Matthäusevangelium 10,11-13).

Wir sind leicht versucht, uns von anderen unseren Frieden nehmen zu lassen. So dann, wenn wir verärgert, feindselig, verbittert, gehässig oder rachsüchtig reagieren, weil sie der frohen Botschaft, die wir ihnen brachten, kein Gehör schenkten.

BEDINGUNGSLOS ZEUGNIS GEBEN

Gottes frohe Botschaft wird eine un-frohe Botschaft, wenn sie ohne Frieden und Freude verkündet wird. Jeder, der das vergebende und heilende Evangelium Jesu Christi mit verbittertem Herzen verkündet, ist ein falscher Zeuge. Jesus Christus ist der Erlöser der Welt und nicht wir. Wir sind aufgerufen, die Großtaten Gottes für die Menschen immer durch unser Leben und manchmal durch unser Wort zu bezeugen. Dieses Zeugnis muss jedoch aus einem Herzen kommen, das bereit ist zu geben, ohne etwas zurückzuerhalten.

Je mehr wir auf Gottes bedingungslose Liebe zu den Menschen vertrauen, desto mehr wird es uns gelingen, die Liebe Jesu Christi ohne irgendwelche innere oder äußere Vorbehalte zu verkünden.

8. AUGUST

LEBENDIGE ZEICHEN SEINER LIEBE

Das ganze Leben Jesu war ein Zeugnisgeben von der Liebe seines Vaters im Himmel. Jesus ruft alle, die ihm nachfolgen, auf, dieses Zeugnis in seinem Namen weiterzutragen. Als Getaufte und Glaubende sind wir in diese Welt gesandt, um sichtbare Zeichen der bedingungslosen Liebe Gottes zu den Menschen zu sein. Deshalb werden wir nicht zuerst danach gerichtet werden, was wir sagen, sondern danach, was wir leben. Wenn die Menschen von uns sagen: »Seht, wie sie einander lieben!«, haben sie ein erstes flüchtiges Aufscheinen des von Jesus verkündeten Reiches Gottes gesehen, und sie werden von ihm angezogen werden wie von einem Magneten.

In einer von Rivalität, Angst, Hass und Feindschaft gespaltenen Welt haben wir das Privileg und die Berufung, lebendige Zeichen einer Liebe zu sein, die alle Spaltungen überbrückt und alle Wunden heilt.

VON LIEBE DURCHDRUNGEN

*I*mmer wieder beschäftigt uns die Frage: »Wie können wir Zeugen im Namen Jesu Christi sein? Was müssen wir denn sagen oder tun, damit die Menschen die Liebe, die Gott ihnen anbietet, annehmen?« Solche Fragen sind mehr Ausdruck unserer Furcht als unserer Liebe.

Jesus Christus zeigt uns, wie wir Zeugen sein können. Er war so von Gottes Liebe erfüllt, so eng mit Gottes Willen verbunden und so voller Glut für das Reich Gottes, dass er nicht anders konnte, als Zeugnis zu geben. Wohin er ging und wem er begegnete, immer ging eine Kraft von ihm aus, die alle heilte, die ihn berührten (vgl. Lukasevangelium 6,19).

Wollen wir Zeugen nach dem Beispiel Jesu sein, sollte sich unsere Sorge allein darauf richten, von der Liebe Gottes durchdrungen zu sein, wie er es war.

10. AUGUST

Das Leben wählen

AUF DIE FRÜCHTE VERTRAUEN

Wir gehören zu einer Generation, die die Ergebnisse ihrer Arbeit sehen will. Wir möchten produktiv sein und vorzeigen können, was wir zustande gebracht haben. So geht es beim Reich Gottes aber nicht.

Oft führt unser Zeugnis für Gott zu keinen greifbaren und zählbaren Ergebnissen. Jesus selbst starb als Gescheiterter am Kreuz. Es gab keine Erfolge vorzuweisen, auf die er stolz sein konnte. Aber die Fruchtbarkeit seines Lebens liegt jenseits menschlicher Maßstäbe. Als glaubwürdige Zeugen Christi müssen wir darauf vertrauen, dass unser Leben auch dann fruchtbar sein wird, wenn wir seine Früchte selbst nicht sehen können. Sie werden vielleicht einmal nur von denjenigen erkannt werden, die nach uns kommen.

Was zählt, ist, wie wir wirklich Liebe erweisen. Gott wird unsere Liebe Früchte bringen lassen, ob wir sie sehen oder nicht.

11. AUGUST

Das Leben wählen

IN DER VERBORGENHEIT

Der größte Teil des Lebens Jesu ist ein Leben in der Verborgenheit. Nach dem Paschafest in Jerusalem und dem Besuch im Tempel kehrte Jesus mit seinen Eltern nach Nazaret zurück »und war ihnen gehorsam« (Lukasevangelium 2,51). Dort »wuchs (er) heran, und seine Weisheit nahm zu, und er fand Gefallen bei Gott und den Menschen« (2,52).

Betrachten wir die »Mysterien des Lebens Jesu«, so wenden wir uns meistens seinen Worten und Wundern, seinem Leiden, seinem Tod und seiner Auferstehung zu. Wir sollten aber nicht vergessen, dass Jesus vor all dem ein einfaches, verborgenes Leben in einem kleinen, unbedeutenden Ort, fern von großen Leuten, großen Städten und großen Ereignissen geführt hat.

Das verborgene Leben Jesu hat für unseren eigenen geistlichen Weg eine große Bedeutung. Wollen wir Jesus durch Wort und Tat im Dienst für das Reich Gottes nachfolgen, müssen wir ihm zuallererst in seinem einfachen, unauffälligen und ganz alltäglichen verborgenen Leben nachfolgen.

12. AUGUST

Das Leben wählen

VERBORGENHEIT – ORT DER NÄHE

Verborgenheit ist ein wesentliches Element des geistlichen Lebens. Alleinsein, Schweigen, Stille, tägliches Einerlei, Schlafen, Essen, Arbeiten und Ausruhen – so verlief zum größten Teil das Leben Jesu, und so verläuft überwiegend auch unser Leben. Aber gerade in diesem Leben unbedeutender Alltäglichkeit, einem Leben der Verborgenheit, können wir wie Jesus zunehmen an Weisheit und Gefallen finden bei Gott und den Menschen (vgl. Lukasevangelium 2,52). In der Verborgenheit, »durch verborgene Taten, verborgene Liebeserweise, verborgene Gebete, verborgene Selbstverleugnungen, verborgene Kämpfe und verborgene Siege« (Kardinal John Henry Newman), können wir zu einer immer innigeren Nähe zu Gott finden und zu einer immer radikaleren Liebe zu den Menschen.

Auch während seines öffentlichen Wirkens zog sich Jesus an verborgene Orte zurück, um mit Gott allein zu sein. Ohne ein verborgenes Leben mit Gott kann auch unser öffentliches Leben für Gott keine Früchte bringen.

13. AUGUST

Das Leben wählen

VERBORGENHEIT – ORT DER LÄUTERUNG

Einer der Gründe, warum Verborgenheit für das geistliche Leben eine so große Bedeutung hat, ist, dass sie uns auf Gott hin ausrichtet. In der Verborgenheit erhalten wir keinen Beifall der Menge, kein Lob, keine Bewunderung, keine Zustimmung oder Ermutigung. In der Verborgenheit müssen wir uns mit unserer Freude und unserem Schmerz an Gott wenden und darauf vertrauen, dass er uns geben wird, was wir am meisten brauchen.

Als Menschen unserer Zeit neigen wir dazu, Verborgenheit zu meiden. Wir möchten gesehen und anerkannt werden, möchten anderen nützlich sein und den Lauf der Dinge beeinflussen. Werden wir aber gesehen und sind wir bekannt, machen wir uns in kürzester Zeit von Menschen und ihren Reaktionen abhängig und verlieren leicht den Kontakt mit Gott, dem wahren Ursprung unseres Lebens. Verborgenheit ist der Ort der Läuterung. In der Verborgenheit finden wir unser wahres Selbst.

14. AUGUST

Das Leben wählen

UNSER VERBORGENSEIN BEWAHREN

Wenn das geistliche Leben tatsächlich ein im Wesen verborgenes Leben ist, wie können wir diese Verborgenheit inmitten eines sehr öffentlichen Lebens hüten? Die beiden wichtigsten Wege, unsere Verborgenheit zu hüten, sind Alleinsein und Armut.

Alleinsein gewährt uns, mit Gott allein zu sein. Hier erfahren wir, dass wir nicht Menschen gehören, selbst nicht denen, die uns lieben und für uns sorgen, sondern Gott und ihm allein.

Armut ist dort, wo wir unsere eigene und anderer Menschen Schwachheit, Grenzen und Hilfsbedürftigkeit erfahren. Armsein heißt, keinen Erfolg, kein Ansehen und keine Macht zu haben. Hier nämlich wollte Gott uns seine Liebe zeigen.

Alleinsein und Armut hüten die Verborgenheit unseres Lebens.

15. AUGUST

Das Leben wählen

SICH AN GOTT KLAMMERN

Treten wir in das Alleinsein ein, um bei Gott und nur bei ihm zu sein, erfahren wir bald, wie abhängig wir sind. Fehlen uns die vielen Ablenkungen und Zerstreuungen unseres Alltags, befallen uns Angst und Unruhe. Wenn niemand mehr mit uns spricht, uns anruft oder nach uns verlangt, wir keine Termine mehr haben und keine Post erhalten, beschleicht uns das Gefühl, ein Niemand zu sein. Dann beginnen wir, uns zu fragen, ob wir eigentlich gebraucht werden, wichtig sind und vermisst werden. Und am liebsten möchten wir dieses beklemmende Alleinsein schnell wieder verlassen und zu unseren Beschäftigungen und Zerstreuungen, zu unseren Arbeitskollegen und Freunden zurückkehren, um uns zu vergewissern, dass wir »jemand« sind. Aber hierin unterliegen wir einer Täuschung; denn nicht wie die Leute auf uns reagieren, welchen Eindruck wir erwecken, macht uns zu »jemandem«, sondern Gottes unvergängliche Liebe zu uns.

Um unser wahres Ich zur Geltung zu bringen, müssen wir uns im Alleinsein an Gott halten, an den, der allein uns zu denen macht, die wir sind.

16. AUGUST

Das Leben wählen

VOM VERSTAND ZUM HERZEN

Wie können wir im Alleinsein verweilen, wenn uns die Menschen und die Unrast locken? Darauf gibt es so viele Antworten, wie es Menschen mit unterschiedlichen Lebensgewohnheiten, Charakteren und unterschiedliche äußere Umstände gibt. Eine einfache Antwort ist: vom Verstand zum Herzen zu gelangen durch einen immer wieder langsam und andächtig gesprochenen Satz aus dem Evangelium oder einen Psalm, der uns an Gott denken lässt, zum Beispiel der erste Vers aus dem 23. Psalm: »Der Herr ist mein Hirt, nichts wird mir fehlen.« Eine weitere Möglichkeit ist das gesammelte Betrachten eines Jesusbildes. Dadurch können wir unseren ruhelosen Verstand etwas zur Ruhe bringen und zu einem Ahnen von Gottes sanfter Gegenwart gelangen.

Es lässt sich freilich nicht von heute auf morgen erreichen, sondern verlangt geduldige Einübung. Schon ein kurzes tägliches Verweilen bei Gott, und unsere Unrast wird schwinden.

17. AUGUST

Das Leben wählen

DER ORT, AN DEM GOTT WOHNT

Wie können wir uns zur Armut als einem Weg zu Gott bekennen, wenn jeder um uns reich werden möchte? Armut hat viele Formen. Wir müssen uns fragen: »Wie sieht meine Armut aus?« Besteht sie im Mangel an Geld, im Mangel an innerer Ruhe, im Mangel an einem liebevollen Partner, im Mangel an Hoffnung, im Mangel an Sicherheit und Selbstvertrauen ...? Jeder findet bei sich selbst einen Ort der Armut. Es ist der Ort, an dem Gott wohnen möchte! »Selig, die arm sind vor Gott«, sagt Jesus (Matthäusevangelium 5,3), und es bedeutet, dass unser Seligsein in unserer Armut verborgen ist.

Wir neigen so sehr dazu, unsere Armut zu verdecken und zu ignorieren, dass wir oft die Gelegenheit versäumen, Gott, der in ihr wohnt, zu entdecken. Haben wir den Mut, unsere Armut als den Boden zu erkennen, in dem unser Schatz vergraben ist.

18. AUGUST

Das Leben wählen

GOTT IM ARMEN BEGEGNEN

Wenn wir nicht davor zurückschrecken, uns zu unserer eigenen Armut zu bekennen, wird es uns möglich sein, mit anderen zu sein und deren Armut zu sehen. Der Christus, der in unserer Armut lebt, erkennt den Christus, der in der Armut anderer lebt. So wie wir dazu neigen, unsere eigene Armut zu ignorieren, neigen wir dazu, die Augen vor der Armut anderer zu verschließen. Wir sehen nicht gern Menschen, die körperlich oder geistig behindert sind, vermeiden es lieber, über Schmerzen und Gebrechen von Menschen zu sprechen, wir wollen nicht viel wissen von Hinfälligkeit, Hilflosigkeit und Bedürftigkeit.

Diese Abneigung kann uns den Kontakt zu den Menschen kosten, durch die uns Gott offenbar wird. Haben wir aber Gott in unserer eigenen Armut entdeckt, werden wir unsere Furcht vor den Armen verlieren und zu ihnen gehen, um Gott zu begegnen.

19. AUGUST

Das Leben wählen

VON DEN ARMEN BESCHENKT

Die Armen haben einen Schatz für uns in der Hand, weil sie unsere Gunsterweise nicht erwidern können. Dadurch, dass sie uns nicht vergelten können, was wir für sie getan haben, rufen sie uns zu innerer Freiheit, Selbstlosigkeit, Großmut und wahrer Fürsorge auf. Jesus sagt: »Wenn du mittags oder abends ein Essen gibst, so lade nicht deine Freunde oder deine Brüder, deine Verwandten oder reiche Nachbarn ein; sonst laden auch sie dich ein, und damit ist dir wieder alles vergolten. Nein, wenn du ein Essen gibst, dann lade Arme, Krüppel, Lahme und Blinde ein. Du wirst selig sein, denn sie können es dir nicht vergelten; es wird dir vergolten werden bei der Auferstehung der Gerechten« (Lukasevangelium 14,12-14).

Es ist ein geistliches Vergoltenwerden, von dem Jesus hier spricht, und besteht in der Freude, dem Frieden und in der Liebe Gottes, nach der wir verlangen. Das alles schenken uns die Armen, nicht nur im späteren Leben, sondern schon hier und jetzt.

20. AUGUST

Das Leben wählen

DER STACHEL DES TODES

Sterben ist ein Heimkehren. Sooft und so vielen wir das aber auch schon gesagt haben, wir verlangen kaum danach heimzukehren. Viel lieber möchten wir bleiben, wo wir sind; denn was wir haben, wissen wir, doch was wir erhalten werden, ist ungewiss. Selbst die schönsten Darstellungen eines Lebens im Jenseits können uns die Angst davor nicht nehmen. Deshalb richten wir viel Anstrengung darauf, unser Heimkehren solange wie möglich hinauszuschieben. Wir hängen am Leben, auch wenn unsere Beziehungen schwierig, unsere wirtschaftlichen Verhältnisse dürftig und unsere Gesundheit schwach sind.

Aber Jesus ist gekommen, um dem Tod den Stachel zu nehmen und uns mehr und mehr bewusst zu machen, dass wir uns vor dem Tod nicht zu fürchten brauchen, seit uns unser Sterben an den Ort gelangen lässt, an dem das tiefste Verlangen unseres Herzens Erfüllung finden wird. Es fällt uns nicht leicht, dies wirklich zu glauben, doch wird jedes kleine Zeichen des Vertrauens uns dieser Wahrheit näher bringen.

21. AUGUST

Das Leben wählen

ÜBERGÄNGE

Der Tod ist ein Übergang in neues Leben. So verheißungsvoll dies klingen mag, verlangen aber nur wenige danach, diesen Übergang anzutreten. Dabei sollten wir bedenken, wie viele andere kleine Übergänge wir vor unserem letzten, großen Übergang schon mitgemacht haben: Kommen wir zur Welt, vollziehen wir den Übergang vom Leben im Schoß der Mutter zum Leben unter den Menschen. Treten wir in die Schule ein, vollziehen wir den Übergang vom Leben im Kreis der Familie zum Leben in einer größeren Gemeinschaft. Heiraten wir, vollziehen wir den Übergang von einem Leben mit vielen Entscheidungsmöglichkeiten zu einem Leben, das an einen einzigen Menschen gebunden ist. Nehmen wir Abschied aus unserem Beruf, vollziehen wir den Übergang von einem Leben mit einem klar umrissenen Aufgabengebiet zu einem Leben, das neue Kreativität und Einsicht erfordert.

Jeder einzelne dieser Übergänge ist ein Tod, der zu neuem Leben führt. Je bewusster wir diese Übergänge leben, desto besser werden wir auf unseren letzten Übergang vorbereitet sein.

DIE QUALITÄT DES LEBENS

Einen frühen Tod zu akzeptieren fällt schwer. Sterben Freunde mit siebzig, achtzig oder gar neunzig Jahren, werden wir zwar trauern und sie schmerzlich vermissen, doch zugleich dafür dankbar sein, dass sie so lange gelebt haben. Stirbt aber ein Jugendlicher, ein junger Erwachsener oder ein Mensch auf dem Gipfel seiner Karriere, protestieren wir. »Warum? Warum so früh?... Warum so jung?... Es ist unbegreiflich!«

Viel wichtiger aber als die Quantität der Jahre ist die Qualität unseres Lebens. Jesus starb jung, der heilige Franz von Assisi und die heilige Therese von Lisieux starben jung, ebenso Martin Luther King. Wie lange wir leben werden, ist ungewiss, doch fordert uns diese Ungewissheit auf, die Möglichkeiten jedes Tages, jeder Woche, jedes Jahres unseres Lebens voll und ganz auszuschöpfen.

Viele Eltern haben unter dem Tod eines Kindes bei seiner Geburt, in frühestem Alter oder nach wenigen Lebensjahren zu leiden. Es dürfte kaum einen tieferen Schmerz geben als den Verlust eines Kindes; denn solch ein Tod greift radikal in das Verlangen von Vater und Mutter ein, ihren Sohn/ihre Tochter zu einem guten, reifen und liebenswerten Menschen aufwachsen zu sehen. Der Tod eines Kindes kann den Lebenswillen der Eltern brechen. Es erfordert von ihnen einen großen Akt des Glaubens, daran festzuhalten, dass ihnen ihr Kind von Gott – wenn auch nur für kurze Zeit – geschenkt war, damit ihr eigenes Leben an Tiefe und Fülle gewinnt.

Gelingt den Eltern dieser Sprung des Glaubens, kann das kurze Leben ihres Kindes sich als viel fruchtbarer erweisen, als sie es je zu erwarten vermochten.

DER GRÖSSTE SCHMERZ

*I*mmer wenn wir uns entscheiden, einen Menschen zu lieben, öffnen wir dem Schmerz Tür und Tor; denn es gehört zur Tragik unseres Lebens, dass wir es nicht vermeiden können, diejenigen, die wir lieben, zu verletzen, während wir selbst an den Verletzungen, die uns diejenigen zugefügt haben, die uns lieben, leiden. Immer wieder geben in der Liebe Freude und Schmerz einander die Hand. Den größten Schmerz bereitet das Verlassen. Geht ein Kind aus dem Hause, nimmt ein Ehegatte für länger oder gar für immer Abschied, zieht ein guter Freund in ein anderes Land oder stirbt ..., scheint der Schmerz der Trennung uns schier zu erdrücken.

Wollen wir aber dem Schmerz der Liebe ausweichen, werden wir nie die Freude der Liebe und das Glück des Geliebtseins erfahren. Und Liebe ist stärker als Furcht, Leben stärker als Tod, Hoffnung stärker als Verzweiflung. Vertrauen wir darauf, dass es sich immer lohnt, das Risiko der Liebe einzugehen.

25. AUGUST

Das Leben wählen

SICH DER TOTEN ERINNERN

Verlieren wir einen geliebten Menschen, erfasst uns Trauer, die unsere Gefühle lange lähmen kann. Menschen, die wir lieben, werden ein Teil von uns selbst. Unser Denken, Fühlen und Handeln werden von ihnen mitbestimmt. Unser Vater, unsere Mutter, unser Gatte, unsere Gattin, unsere Kinder und Freunde – alle von uns geliebten Menschen leben in unserem Herzen. Sterben sie, muss auch ein Teil von uns sterben.

Trauern ist das langsame und schmerzliche Abschiednehmen von einem Menschen, der Teil unseres Inneren geworden ist. Bei besonderen Gelegenheiten – am Heiligen Abend, in der Neujahrsnacht oder an unserem Geburtstag – spüren wir die Abwesenheit dieses Menschen besonders stark. Manchmal dauert es ein ganzes Jahr, bis unser Herz wirklich Abschied genommen, »Lebewohl« gesagt hat; und unsere Trauer sich legt. Doch indem wir unsere Verstorbenen nicht festhalten und von uns gehen lassen, können sie uns ihren Geist der Liebe senden und Teil unseres geistlichen Inneren werden. So können wir uns ihrer erinnern, und so können sie zu unseren treuen Begleitern auf unserer geistlichen Reise zu Gott werden.

SICH AUF DEN TOD VORBEREITEN

Oft kommt der Tod plötzlich und unerwartet: Ein Autounfall, ein Flugzeugabsturz, ein verhängnisvolles Zusammentreffen von Ereignissen, eine Naturkatastrophe, ein Krieg und vieles andere kann Ursache des Todes sein. Fühlen wir uns gesund und voller Energie, denken wir über unseren Tod nicht viel nach. Dennoch kann er mit einem Mal da sein.

Wie können wir uns auf den Tod vorbereiten? Dadurch, dass wir nichts unerledigt zurücklassen. Dabei stellt sich die Frage: Habe ich denen vergeben, die mich verletzt haben, und die um Vergebung gebeten, die ich verletzt habe? Wenn ich das Empfinden habe, mit allen Menschen, mit denen ich zusammenlebe – zu Hause, am Arbeitsplatz, in der Nachbarschaft –, im Frieden zu sein, wird mein Tod zwar Trauer erwecken, aber keine Gefühle von Schuld und Zorn aufkommen lassen.

Sind wir bereit, in jedem Augenblick zu sterben, werden wir auch bereit sein, in jedem Augenblick zu leben.

DANKBAR ABSCHIED NEHMEN

Denken wir über den Tod nach, dann meistens auch darüber, was mit uns geschehen wird, wenn wir gestorben sind. Viel wichtiger ist jedoch die Frage, was mit denen sein wird, die wir zurücklassen. Wie wir sterben, hat für die, die leben, tiefe und nachhaltige Auswirkungen. Wenn wir von unserer Familie, unseren Verwandten und Freunden nicht verbittert und enttäuscht, sondern dankbar Abschied genommen haben, wird es für sie leichter sein, sich mit Freude und im Frieden an uns zu erinnern.

Das größte Geschenk, das wir unserer Familie und unseren Freunden machen können, ist, dankbar zu sein. Unsere Dankbarkeit macht sie frei, ihr Leben ohne Bitterkeit oder Selbstanklagen weiterzuführen.

28. AUGUST

Das Leben wählen

VERLÄSSLICHE BEGLEITER

Je älter wir werden, desto größer wird die Zahl derer, mit denen uns nur noch die Erinnerung verbindet: Menschen, die vor uns gestorben sind. Es ist sehr wichtig, die Erinnerung an diejenigen zu bewahren, die uns geliebt und die wir geliebt haben. Sich ihrer zu erinnern bedeutet, mit ihnen verbunden zu bleiben und sich von ihrem Geist in unserem Alltag inspirieren zu lassen. Sie können Teil einer geistlichen Gemeinschaft werden und uns auf unserer Reise unauffällig zur Seite stehen. Eltern, Ehegatte und Ehegattin, Kinder, Freunde und Verwandte können nach ihrem Tod wahre geistliche Weggefährten werden. Sie können uns manchmal nach ihrem Tod näher sein als während ihres Lebens.

Sich der Toten zu erinnern heißt, sie zu unseren treuen und zuverlässigen Begleitern zu machen.

29. AUGUST

Gott, der Herr, sagt: »Leben und Tod lege ich dir vor, Segen und Fluch. Wähle also das Leben, damit du lebst, du und deine Nachkommen« (Deuteronomium 30,19).

»Wähle das Leben!« fordert Gott uns auf, und es gibt nicht einen Augenblick, in dem wir nicht vor dieser Wahl stehen. Leben und Tod sind immer vor uns: in unseren Vorstellungen, Gedanken, Worten, Gebärden, unserem Handeln und selbst in unserem Nicht-Handeln. Diese Wahl für das Leben beginnt an einem tiefen inneren Ort. Auch mit einer lebensbejahenden Einstellung können wir unterschwellig Todesgedanken und Todesgefühle hegen. Die wichtigste Frage dabei ist nicht »Töte ich?«, sondern »Trage ich in meinem Herzen einen Segen oder einen Fluch?« Die tödliche Kugel ist nur das letzte Mittel des Hasses und der Feindschaft, die im Herzen genährt wurden, lange bevor die Hand zum Gewehr oder der Pistole griff.

EINE WAHL, DIE DISZIPLIN VERLANGT

Würden wir die vielen Gedanken und Gefühle, die unseren Verstand und unser Herz beschäftigen und bewegen, einmal kritisch prüfen, stellten wir erschreckt fest, dass wir oft den Tod und nicht das Leben wählen, den Fluch und nicht den Segen. Eifersucht, Neid, Groll, Gier, Schadenfreude, Rachsucht, Hass, Bosheit schwimmen auf dem breiten Strom unseres inneren Lebens. Oft nehmen wir sie als selbstverständlich hin, lassen sie gewähren und ihr zerstörerisches Werk verrichten.

Aber Gott fordert uns auf, das Leben und den Segen zu wählen. Diese Wahl verlangt eine große innere Disziplin: eine ständige Wachsamkeit gegenüber den Mächten des Todes in uns und eine große Verpflichtung, die Mächte des Lebens über unsere Gedanken und Gefühle herrschen zu lassen. Es wird uns nicht immer möglich sein, dies allein zu tun; oft werden wir einen verständnisvollen Begleiter oder eine mitfühlende Gemeinschaft brauchen. Beide zusammen, eigene innere Anstrengung und Unterstützung durch andere, werden uns dazu führen, das Leben zu wählen.

SEPTEMBER

Zur Freiheit berufen

UNSER GOTTGEGEBENES ICH

Hat uns jemand tief verletzt, ist es schier unmöglich, keine feindseligen Gedanken, Gefühle des Zorns oder Hasses und kein Verlangen nach Rache aufkommen zu lassen. Sie brechen meist spontan hervor, ohne dass wir etwas dagegen tun, unsere Gedanken und Gefühle kontrollieren können. Wir grübeln darüber nach, was wir dem, der uns verletzt hat, sagen oder wie wir es ihm heimzahlen könnten. Um in solch einer Situation den Segen und nicht den Fluch zu wählen, wird von uns ein entschiedener Sprung des Glaubens verlangt, die Bereitschaft, unseren inneren Drang zu zähmen und schließlich zu überwinden und eine Leben stiftende Antwort zu wählen.

Dies mag manchmal unmöglich erscheinen. Lassen wir aber unser verletztes Ich hinter uns zurück und halten uns an unser gottgegebenes Ich, werden wir nicht nur für uns selbst Leben stiften, sondern auch für diejenigen, die uns beleidigt haben.

1. SEPTEMBER

Zur Freiheit berufen

NICHT BÖSES MIT BÖSEM

Der Apostel Paulus schreibt an die Christen in Rom: »Segnet eure Verfolger; segnet sie, verflucht sie nicht! ... Vergeltet niemand Böses mit Bösem! ... Rächt euch nicht selber! ... Vielmehr: Wenn dein Feind Hunger hat, gib ihm zu essen, wenn er Durst hat, gib ihm zu trinken ... Lass dich nicht vom Bösen besiegen, sondern besiege das Böse durch das Gute« (Römerbrief 12, 14.17.19.21).

Diese Weisung trifft in das Herz des geistlichen Lebens. Sie führt klar vor Augen, was es heißt, das Leben zu wählen und nicht den Tod, den Segen und nicht den Fluch. Was hier aber von uns verlangt wird, geht gegen unsere menschliche Natur. Wir werden nur dann in der Lage sein, den Worten des Apostels Paulus entsprechend zu handeln, wenn wir mit unserem ganzen Sein davon überzeugt sind, dass das, was von uns zu tun verlangt wird, nichts anderes ist als das, was Gott für uns getan hat.

MIT DER ANTWORT WARTEN

Das Leben statt den Tod zu wählen erfordert eine Willensanstrengung, die unserem inneren Antrieb oft zuwiderläuft. Es drängt uns nach Rache, wir wollen zurückzahlen, während unser Wille Verzeihung gewähren möchte. Unser innerer Antrieb verlangt eine sofortige Antwort: Schlägt uns jemand ins Gesicht, möchten wir kurzerhand zurückschlagen.

Was können wir also tun, um unseren Willen über unsere Impulsivität herrschen zu lassen? *Abwarten* heißt das entscheidende Wort. Was auch immer vorgefallen sein mag, wir müssen Abstand gewinnen zwischen unserer Kränkung und unserer Erwiderung, müssen uns zuerst beruhigen, uns Zeit zum Überlegen nehmen, uns mit Freunden austauschen und warten, bis wir bereit sind, eine Leben stiftende Antwort zu geben. Aus dem Affekt gegebene Antworten führen dazu, dass uns das Böse besiegt, was uns auch immer bedrücken wird. Eine gut überlegte Antwort aber wird uns helfen, »das Böse durch das Gute zu besiegen« (Römerbrief 12,21).

3. SEPTEMBER

Zur Freiheit berufen

EIN HEILENDER BRIEF

Wenn wir einem Freund, der uns gekränkt, verletzt hat, einen sehr verärgerten Brief schreiben, sollten wir ihn nicht gleich abschicken, sondern ein paar Tage auf unserem Schreibtisch liegen lassen und ihn mehrmals durchlesen. Danach sollten wir uns fragen: »Bringt dieser Brief mir und meinem Freund Leben? Bringt er Heilung, bringt er einen Segen?«

Wir brauchen nicht totzuschweigen, dass wir uns verletzt fühlen. Wir müssen nicht vor unserem Freund verbergen, dass wir uns beleidigt fühlen. Gleichwohl können wir darauf so reagieren, dass Versöhnung, Heilung und Vergebung möglich sind und eine Tür zu einem neuen Leben offen bleibt. Sollten wir den Eindruck gewinnen, dass unser Brief kein Leben überbringt, sollten wir ihn neu schreiben und mit einem Gebet für unseren Freund auf den Weg bringen.

4. SEPTEMBER

Zur Freiheit berufen

WORTWAHL

Es kommt sehr auf die Worte an, die wir gebrauchen. Sagen wir zu jemandem: »Du bist ein übler, nutzloser, verachtenswerter Mensch!«, haben wir eine Leben stiftende Beziehung zu diesem Menschen von vornherein unmöglich gemacht. Worte bleiben lange in der Erinnerung haften und können über Jahre hin Schaden anrichten.

Deshalb sollten wir unsere Worte gut überlegen und klug wählen. Wenn wir vor Wut und Ärger kochen und unserem »Gegner« harte Worte entgegenschleudern möchten, ist es besser zu schweigen. Im Zorn und in der Erregung gesagte Worte machen eine Versöhnung sehr schwer. Wollen wir das Leben wählen und nicht den Tod, den Segen und nicht den Fluch, werden wir meist damit beginnen müssen, uns für das Schweigen zu entscheiden oder die wohlüberlegten Worte zu finden, die einen Weg zur Heilung eröffnen.

5. SEPTEMBER

Zur Freiheit berufen

WORTE DER LIEBE

Manchmal schweigen wir, wenn wir sprechen sollten. Ohne Worte ist es schwer, Liebe zu vermitteln. Sagen wir zu unseren Eltern, Kindern, Freunden oder einem lieben Menschen: »Ich mag dich sehr!« oder »Ich mach' mir um dich Sorgen!« oder »Du bist für mich ein großes Geschenk!«, dann haben wir uns dafür entschieden, Leben weiterzugeben.

Es fällt nicht immer leicht, unsere Liebe und Sympathie direkt in Worten zum Ausdruck zu bringen. Tun wir es aber, werden wir feststellen, dass wir einen Segen ausgesprochen haben, der lange in Erinnerung bleiben wird. Wenn ein Sohn zu seinem Vater sagt: »Papa, ich hab' dich gern!« und eine Mutter zu ihrer Tochter: »Ich hab' dich sehr lieb!«, erschließt sich ein neuer Ort, ein Raum des Segens, in dem gut bleiben ist. Es ist wirklich so: Worte können Leben stiften.

6. SEPTEMBER

Zur Freiheit berufen

EINANDER SEGNEN

Segnen bedeutet etwas Gutes sagen. Immer wieder sollten wir einander segnen. Eltern müssen ihre Kinder segnen, Kinder ihre Eltern, der Ehegatte die Gattin und umgekehrt, ein Freund den anderen. In unserer Gesellschaft, in der viel Fluch herrscht, müssen wir jeden Ort, den wir betreten, mit unserem Segen erfüllen.

Wir vergessen aber sehr schnell, dass wir geliebte Kinder Gottes sind und lassen die vielen Flüche unserer Welt unser Herz verdunkeln. Deshalb müssen wir immer daran erinnert werden, dass wir geliebt sind und auch anderen dies zur Gewissheit werden lassen. Unser Leben muss ein gesegnetes Leben sein, ob dieser Segen in Worten oder in Gesten erteilt wird.

7. SEPTEMBER

Zur Freiheit berufen

SEGEN, NICHT FLUCH

Immer wieder sind wir versucht, uns zu sagen, unser Leben stehe unter einem Fluch. Der Verlust eines lieben Menschen, eine Krankheit, ein Unfall, eine Naturkatastrophe, ein Misserfolg oder ein Krieg können uns schnell daran glauben lassen, dass wir gefehlt haben und bestraft wurden. Diese Neigung zu meinen, unser Leben sei mit einem Fluch beladen, kann sich verstärken, wenn wir die vielen Bilder menschlichen Elends sehen, die uns Presse und Fernsehen täglich ins Haus liefern.

Jesus Christus ist gekommen, um uns zu segnen und nicht zu verfluchen. Wir müssen uns aber dazu entschließen, diesen Segen entgegenzunehmen und ihn an andere weiterzugeben. Segen und Fluch stehen immer vor uns. Wir haben die Freiheit zu wählen. Gott, der Herr, sagt: »Wähle den Segen!«

8. SEPTEMBER

Zur Freiheit berufen

ENDZEIT

*W*ir leben in der Endzeit, was nicht heißen soll, dass die Schöpfung kurz vor ihrem Ende steht; vielmehr ist damit gemeint, dass alle Zeichen vom Ende der Zeit, von denen Jesus spricht, schon eingetreten sind: Kriege und Unruhen, Konflikte zwischen Völkern und Nationen, Erdbeben, Seuchen, Hungersnöte und Verfolgungen (vgl. Lukasevangelium 21,9-12). Jesus beschreibt die Ereignisse in unserer Welt, um anzukündigen, dass diese Welt nicht unsere endgültige Bleibe ist, aber der Menschensohn kommen wird, um uns die volle Freiheit zu bringen. »Wenn (all) das beginnt, dann richtet euch auf, und erhebt eure Häupter; denn eure Erlösung ist nahe« (Lukasevangelium 21,28).

Die schrecklichen Geschehnisse um uns sollten als Wege gesehen und gelebt werden, die uns für unsere endgültige Erlösung bereit machen.

9. SEPTEMBER

ZEUGNIS GEBEN

Jesus lehrt uns, wie wir in der Jetztzeit leben sollen. Er bezeichnet unsere Gegenwart als Endzeit, als die Zeit, die uns unzählige Gelegenheiten bietet, Zeugnis für Christus und das Reich Gottes zu geben. Die vielen Katastrophen und Unruhen in der Welt, die menschlichen Tragödien, mit denen wir täglich konfrontiert werden, können uns ohne weiteres verzweifeln lassen und zu der Meinung verleiten, wir seien die bedauernswerten Opfer äußerer, nicht zu beeinflussender Umstände. Jesus betrachtet diese Ereignisse radikal anders. Er nennt sie Gelegenheiten, Zeugnis zu geben.

Jesus erinnert uns daran, dass wir nicht dieser Welt gehören. Wir wurden in die Welt gesandt, um lebendige Zeugen der bedingungslosen Liebe Gottes zu sein und alle Menschen dazu aufzurufen, über die vergänglichen Strukturen unserer zeitlichen Existenz hinaus auf das uns verheißene ewige Leben zu sehen.

10. SEPTEMBER

Zur Freiheit berufen

AUF UNSERE SEELE ACHTEN

*I*n den Unruhen der Endzeit, in der wir leben, kann es leicht geschehen, dass wir unsere Seele verlieren. Unsere Seele verlieren, das bedeutet, die Verbindung zu unserer Mitte, zur wahren Berufung unseres Lebens, unserer Sendung, unserem geistlichen Auftrag abzubrechen. Es bedeutet ferner, sich von allem, was um uns passiert, so erschrecken und beunruhigen zu lassen, dass wir aus der Fassung geraten, weder ein noch aus wissen und erstarren. Jesus ist sich dieser Gefahr bewusst. Er sagt: »Gebt acht, dass man euch nicht irreführt! Denn viele werden unter meinem Namen auftreten und sagen: Ich bin es! und: Die Zeit ist da. – Lauft ihnen nicht nach!« (Lukasevangelium 21,8).

In Zeiten der Angst treten viele falsche Propheten auf und verkünden diese und jene »Heilsbotschaft«. Da gilt es, treue Jünger Jesu zu sein und die Verbindung zu unserem wahren geistlichen Ich nie abbrechen zu lassen.

11. SEPTEMBER

Zur Freiheit berufen

STANDHAFT BLEIBEN

*I*n einer Welt, die voll ist von sozialen und politischen Unruhen und menschlichem Leid werden Glaubende oft verspottet, weil ihr Glaube allem Anschein nach nichts bewirkt. Die einen sagen: »Wenn du daran glaubst, dass es einen liebenden Gott gibt, warum lässt er dann dieses Durcheinander zu?« Andere erklären Religion und Glauben für belanglos, und wieder andere halten sie für ein Hindernis auf dem Weg zu einer neuen und besseren Welt.

Jesus erklärt seinen Jüngern, dass sie wie er verfolgt, festgenommen, den Gerichten übergeben und getötet werden. Aber er sagt auch, dass wir uns nicht sorgen, sondern ihm stets vertrauen sollten. »Nehmt euch fest vor, nicht im voraus für euere Verteidigung zu sorgen; denn ich werde euch die Worte und die Weisheit eingeben, so dass alle eure Gegner nicht dagegen ankommen und nichts dagegen sagen können« (Lukasevangelium 21,14f).

Fürchten wir uns nicht vor Skeptikern und Zynikern auf unserem Weg, sondern vertrauen wir darauf, dass Gott uns die Kraft geben wird, standhaft zu sein.

IN DER LIEBE VERANKERT

Sind wir ängstlich, möchten wir auf alles eingestellt sein und sorgen vor. Wir fragen uns, was wir sagen sollen, wenn wir angegriffen werden; was wir antworten sollen, wenn wir gefragt werden, und wie wir uns verteidigen sollen, wenn wir beschuldigt werden. Diese Besorgnis raubt uns das Selbstvertrauen und zehrt an unserem Selbstbewusstsein.

Jesus legt uns nahe, nicht für alles im voraus zu sorgen, sondern darauf zu vertrauen, dass er uns die »Worte und Weisheit« geben wird, die wir brauchen. Es ist nicht nötig, immer eine kleine Rede bereit zu haben, vielmehr müssen wir in der Liebe Jesu Christi fest verankert und uns darüber sicher sein, wer wir sind und warum wir in dieser Welt sind. Ist unser Herz mit dem Herzen Jesu verbunden, werden wir immer wissen, was wir sagen sollen, wenn die Zeit zu sprechen gekommen ist.

13. SEPTEMBER

Zur Freiheit berufen

TREU SEIN

Viele Menschen leben – bewusst oder unbewusst – in der Erwartung, dass morgen alles besser sein wird. Es ist die Einstellung des Optimisten, der sagt: »Der Krieg wird zu Ende gehen, deine Wunden werden heilen, die Verzweiflung wird sich legen, die Epidemie wird eingedämmt werden, Hunger, Armut und Unterdrückung werden vergehen. Die Menschen werden in Eintracht leben. Alles wird bald besser!« Ihr Leben und Handeln ist von dieser Erwartung geprägt. Belehrt sie das Leben schließlich eines anderen, sind sie enttäuscht und betrachten sich als Versager.

Jesus unterstützt solch eine optimistische Sichtweise nicht. Er kündigt nicht nur die Verwüstung seiner geliebten Stadt Jerusalem an, sondern auch eine Welt voller Grausamkeit, Gewalt und Unruhe. Für Jesus gibt es kein Happy-End in dieser Welt. Die Herausforderung, vor die uns Jesus stellt, liegt nicht darin, alle Probleme der Welt vor dem Ende der Zeit zu lösen, sondern treu zu sein, koste es, was es wolle.

14. SEPTEMBER

Zur Freiheit berufen

ZUSAMMENSTEHEN

Wie sollten wir nicht unsere Seele verlieren, wenn alles und jeder uns in eine andere Richtung zerrt? Wie können wir »zusammenstehen«, wenn wir ständig auseinandergerissen werden?

Jesus sagt: »Und doch wird euch kein Haar gekrümmt werden. Wenn ihr standhaft bleibt, werdet ihr das Leben gewinnen« (Lukasevangelium 21,18f). Wir können in unserer Welt nur überleben, wenn wir darauf vertrauen, dass Gott uns gründlicher kennt als wir uns selbst. Wir können nur dann zusammenstehen, wenn wir daran glauben, dass Gott uns zusammenhält. Wir können nur dann unser Leben gewinnen, wenn wir treu zur Wahrheit stehen, dass wir ganz und gar in Gottes Hand geborgen sind. Anders gesagt: Leben wir im Glauben, in der Hoffnung und in der Liebe; leben wir im Geist, brauchen wir nichts zu fürchten.

15. SEPTEMBER

Zur Freiheit berufen

DAS KOMMEN DES MENSCHENSOHNES

Wir wissen im Glauben, dass wir Gott gehören und bei Gott geborgen sind, auch wenn wir in einer Welt der Zerstörung leben. Dieses Wissen lässt uns inmitten aller Unruhe, Angst und allem Todeskampf der Geschichte das Kommen des »Menschensohnes mit großer Macht und Herrlichkeit auf einer Wolke« (Lukasevangelium 21,27) schon erkennen. Obwohl Jesus darüber als ein endzeitliches Geschehen spricht, ist es trotzdem kein Ereignis, das erst eintreten wird, wenn alle Schrecken vorüber sind. So wie die Endzeit schon angebrochen ist, so auch das Kommen des Menschensohnes. Es ist ein Ereignis, das im Bereich des Geistes liegt und somit nicht den Grenzen der Zeit unterworfen.

Diejenigen, die in Gemeinschaft mit Christus leben, haben die Augen und Ohren, um das Wiederkommen des Herrn in das Hier und Jetzt schon zu sehen und zu hören. Jesus sagt: »Diese Generation wird nicht vergehen, bis alles eintrifft« (Lukasevangelium 21,32). Das gilt für jede Generation, die im Glauben lebt.

16. SEPTEMBER

Zur Freiheit berufen

AUFRECHT STEHEN

Jesus sagt von der Endzeit: »Es werden Zeichen sichtbar werden an Sonne, Mond und Sternen, und auf der Erde werden die Völker bestürzt und ratlos sein über das Toben und Donnern des Meeres. Die Menschen werden vor Angst vergehen in der Erwartung der Dinge, die über die Erde kommen; denn die Kräfte des Himmels werden erschüttert werden. Dann wird man den Menschensohn mit großer Macht und Herrlichkeit auf einer Wolke kommen sehen« (Lukasevangelium 21,25-27). Das alles findet schon statt. Für jeden, der tief am Herzen Gottes gelauscht, den geistlichen Sinn des Jesuswortes bedacht hat, sind die Verzweiflung der Welt wie auch das Kommen der großen Erlösung täglich sichtbar.

Was sollen wir also tun? Jesus gibt darauf eine klare Antwort: »Richtet euch auf, und erhebt eure Häupter; denn eure Erlösung ist nahe« (Lukasevangelium 21,28). Hierin liegt viel Hoffnung. Wir brauchen nicht niedergedrückt zu sein, sondern können aufrecht stehen und unserem Herrn mit offenen Armen entgegengehen.

17. SEPTEMBER

Zur Freiheit berufen

Alles, was von Gott kommt, sucht ein offenes und aufrichtiges Herz. Wir können in der Endzeit nur dann mit Hoffnung und Freude leben, wenn wir dafür bereit und verfügbar sind. Wir müssen wachsam sein, denn – wie es im ersten Petrusbrief heißt – »euer Widersacher, der Teufel, geht wie ein brüllender Löwe umher und sucht, wen er verschlingen kann« (5,8). Deshalb sagt Jesus: »Nehmt euch in acht, dass Rausch und Trunkenheit und die Sorgen des Alltags euch nicht verwirren und dass jener Tag euch nicht plötzlich überrascht... Wacht und betet allezeit, damit ihr allem, was geschehen wird, entrinnen und vor den Menschensohn hintreten könnt« (Lukasevangelium 21,34.36). Es ist das Leben im Geist, zu dem Jesus uns aufruft.

18. SEPTEMBER

Zur Freiheit berufen

UNTER DEM KREUZ STEHEN

Aufrecht stehen mit erhobenem Haupt ist die Haltung eines geistlich reifen Menschen angesichts der Wirren in unserer Welt. Die Nachrichten und Bilder jeden Tag bieten Anlass genug, an den Jüngsten Tag zu denken. Wir brauchen aber dieser Versuchung nicht zu erliegen, sondern können selbstbewusst in dieser Welt stehen, wenn wir den geistlichen Boden, der uns trägt, nie verlassen und uns immer vor Augen halten, dass »Himmel und Erde vergehen« werden, aber niemals die Worte des Herrn (vgl. Lukasevangelium 21,33).

Orientieren wir uns an Maria, der Mutter Jesu. Sie stand unter dem Kreuz und vertraute auf Gottes Treue, sogar dann noch, als ihr geliebter Sohn am Kreuz gestorben war.

19. SEPTEMBER

Zur Freiheit berufen

*J*esu Worte können uns inmitten aller Wirren der Endzeit aufrecht halten und uns Vertrauen geben. Sie können uns stützen, ermutigen und Leben geben, auch wenn alles um uns herum von Tod spricht. Jesu Worte sind Nahrung für ewiges Leben. Sie vermögen viel mehr, als uns gute Gedanken und Inspiration zu geben: Sie führen uns zum ewigen Leben, während wir noch mit Vergänglichkeit bekleidet sind.

Wenn wir dem Wort Jesu nahe bleiben, es in unserem Herzen erwägen, es »kauen« und als Nahrung für unsere Seele zu uns nehmen, werden wir immer tiefer in die unvergängliche Liebe Gottes eintreten.

20. SEPTEMBER

Zur Freiheit berufen

»Himmel und Erde werden vergehen, aber meine Worte werden nicht vergehen« (Lukasevangelium 21,33), sagt Jesus und zeigt uns damit einen direkten Weg zu ewigem Leben. Die Worte Jesu haben die Kraft, unser Herz und unseren Sinn umzuwandeln und uns in das Reich Gottes zu führen. »Die Worte, die ich zu euch gesprochen habe«, sagt Jesus, »sind Geist und sind Leben« (Johannesevangelium 6,63).

Meditieren wir seine Worte, um sie aus unserem Verstand in unser Herz dringen zu lassen, damit der Heilige Geist dort Wohnung nehmen kann. Was wir auch tun und wo wir auch sind, immer sollen uns die Worte Jesu nahe sein. Es sind Worte ewigen Lebens.

21. SEPTEMBER

Zur Freiheit berufen

DIE GESCHAFFENE ORDNUNG ALS SAKRAMENT

Als Gott in Jesus Christus Fleisch annahm, wurden das Ungeschaffene und das Geschaffene, das Ewige und das Vergängliche, das Göttliche und das Menschliche vereint. Diese Einheit bedeutet, dass alles, was sterblich ist, auf das Unsterbliche verweist, und alles, was endlich ist, auf das Unendliche. In und durch Jesus Christus wurde die ganze Schöpfung zu einem herrlichen Schleier, durch den uns das Antlitz Gottes offenbar wird.

Wir sprechen hierbei vom sakramentalen Charakter der geschaffenen Ordnung. Alles, was ist, ist heilig, weil alles Sein von Gottes erlösender Liebe spricht. Wind und Meer, Berge und Wälder, Mond und Sterne, alle Menschen und Tiere sind Fenster, durch die ein Schimmer Gottes fällt.

22. SEPTEMBER

Zur Freiheit berufen

GOTTES SCHÖPFUNGSWERK

Wie leben wir in und mit Gottes Schöpfung? Verhalten wir uns ihr gegenüber so, als sei sie ein Ort voller nützlicher »Dinge«, die uns zur freien Verfügung stehen, wann immer wir sie brauchen? Oder betrachten wir die Schöpfung, die uns umgebende Natur, als eine sakramentale Wirklichkeit, als einen heiligen Raum, in dem uns Gott die unbegreifliche Schönheit des Göttlichen enthüllt?

Solange wir die Schöpfung nur *gebrauchen*, werden wir ihre Heiligkeit nicht erkennen, da wir über sie so verfügen, als wäre sie unser Besitz. Erweisen wir uns aber gegenüber allem, was uns umgibt, als Mit-Geschöpf ein und desselben Schöpfergottes, und betrachten wir die Schöpfung als den Ort, an dem Gott uns erscheint und uns zu Lob und Dank aufruft, dann werden wir fähig sein, den heiligen Charakter von Gottes Schöpfungswerk anzuerkennen.

23. SEPTEMBER

Zur Freiheit berufen

TAUFE UND EUCHARISTIE

Sakramente sind ein ganz besonderes Geschehen, bei dem Gott durch Schöpfung, durch körperliche Elemente wie Wasser, Brot, Wein, zu uns kommt und uns zum lebendigen Christus im Hier und Heute umgestaltet. Die beiden Hauptsakramente sind die Taufe und die Eucharistie. Wenn wir »Im Namen des Vaters und des Sohnes und des Heiligen Geistes« getauft werden, wird das Wasser zum Zeichen unserer Umwandlung. Wenn uns Brot und Wein gereicht werden mit den Worten »Der Leib Christi« und »Das Blut Christi«, so werden sie lebendige Zeichen der Gegenwart Gottes unter uns. Auf diese Weise bilden elementarste Bestandteile unseres Lebens wie Wasser, Wein und Brot den heiligen Weg, auf dem Gott in unser Dasein tritt.

Diese Sakramente sind ein aktuelles Geschehen. Wasser, Brot und Wein stellen keine bloßen Symbole der Erinnerung an Gottes Liebe dar, sie bringen Gott zu uns. In der Taufe werden wir von der Sklaverei der Sünde befreit und mit Christus bekleidet. In der Eucharistie gibt sich Christus selbst uns zur Speise und zum Trank.

24. SEPTEMBER

Zur Freiheit berufen

TAUFE: KINDER DES LICHTS WERDEN

Als der auferstandene Christus den elf Jüngern zum letzten Mal erschien, »auf dem Berg, den (er) ihnen genannt hatte«, sandte er sie in die Welt mit den Worten: »Geht zu allen Völkern, und macht alle Menschen zu meinen Jüngern; tauft sie auf den Namen des Vaters und des Sohnes und des Heiligen Geistes« (Matthäusevangelium 28,19).

Jesus Christus bietet uns die Taufe als den Weg an, in Kommunion mit Gott – Vater, Sohn und Heiligem Geist – zu treten und als geliebte Kinder Gottes zu leben. Die Taufe ist das Eingangstor und die Grundlage des gesamten Christseins. Durch die Taufe sagen wir nein zur Welt: Wir erklären, dass wir nicht mehr Kinder der Finsternis sein wollen, sondern Kinder des Lichts, Kinder Gottes. Wir wollen der Welt nicht entfliehen, sondern in ihr leben, ohne von ihr zu sein, ohne ihr zu gehören. Die Taufe befähigt uns dazu.

RITUS EINES DURCHSCHREITENS

Die Taufe ist der Ritus eines Durchschreitens. Eines der Vorbilder der Taufe ist die Errettung des Volkes Israel durch Jahwe beim Durchzug durch das Rote Meer. Viele Gebete und Loblieder im Alten Testament nehmen Bezug auf diesen Exodus, auf den großen Auszug »aus dem Knechtshaus Ägypten« (vgl. Exodus 14, 1 - 5,21) und das Durchschreiten des Schilfmeeres auf dem Weg in die Freiheit. Auch Jesus nahm diesen Exodus auf sich und durchschritt Leiden und Tod, um einzutreten in das Haus seines Vaters im Himmel. Es ist seine Taufe. Jesus fragte seine Jünger und fragt auch uns: »Könnt ihr ... die Taufe auf euch nehmen, mit der ich getauft werde?« (Markusevangelium 10,38). Deshalb sagt der heilige Paulus, wenn er von unserer Taufe spricht, dass »wir auf Jesu Tod getauft wurden« (Römerbrief 6,3).

Getauft werden bedeutet: mit dem Volk Israel und mit Christus durch die Sklaverei in die Freiheit und durch den Tod zu neuem Leben zu schreiten, zu einem Leben in, durch und für Christus.

26. SEPTEMBER

Zur Freiheit berufen

DER WEG IN DIE FREIHEIT

Lassen Eltern ihre Kinder taufen, bekunden sie damit ihren Wunsch, dass ihre Tochter oder ihr Sohn, vom Heiligen Geist geführt, als Kind Gottes und als Bruder oder Schwester Jesu aufwachsen und leben.

Bei der Geburt wird den Eltern ein Kind geschenkt, bei der Taufe Gott. Durch die Taufe erkennen die Eltern an, dass ihre Elternschaft Teilhabe an der Elternschaft Gottes ist und alle Mutterschaft und Vaterschaft von Gott kommt. So macht die Taufe den Eltern bewusst, dass ihre Kinder nicht ihr Eigentum sind. Kinder gehören Gott und sind den Eltern anvertraut, um sie im Namen Gottes zu lieben und für sie zu sorgen. Die Eltern sind berufen, ihre Kinder als bevorzugte Gäste bei sich willkommen zu heißen, ihnen ein Zuhause zu geben und sie zu Selbständigkeit anzuleiten, zu innerer und äußerer Freiheit, die es ihnen ermöglicht, ihr Elternhaus zu verlassen und selbst Eltern zu werden. Die Taufe erinnert die Eltern an ihre Berufung und eröffnet den Kindern den Weg in die Freiheit.

EINGLIEDERUNG IN DIE GEMEINSCHAFT

Die Taufe ist nicht nur ein Weg in geistliche Freiheit, sondern auch der Weg in eine Gemeinschaft. Durch die Taufe wird ein Mensch, ob Kind oder Erwachsener, in die Gemeinschaft der Glaubenden aufgenommen. Alle, die durch die Taufe aus dem Geist wiedergeboren werden und berufen sind, als Söhne und Töchter Gottes zu leben, werden einer einzigen geistlichen Familie, dem lebendigen Leib Christi, eingegliedert. Wenn Menschen getauft werden, heißen wir sie in dieser Familie Gottes willkommen und bieten ihnen Begleitung, Unterstützung, Formung und Nahrung an, damit sie zur Fülle eines dem Geiste Christi gemäßen Lebens gelangen.

28. SEPTEMBER

Zur Freiheit berufen

WERDE, WAS DU BIST

Die Taufe als Weg zur Freiheit der Kinder Gottes wie auch als Weg zu einem Leben in einer Gemeinschaft bringt eine persönliche Verpflichtung mit sich, die Aufgabe eines lebenslangen Wachsens und Reifens im Glauben. Das Sakrament der Taufe ist keine Magie, und ihre Auswirkungen ergeben sich nicht automatisch. Das Spenden der Taufe, bei dem der Taufspender etwas Wasser auf den Kopf des Täuflings gießt mit den Worten »Ich taufe dich im Namen des Vaters und des Sohnes und des Heiligen Geistes«, hat nur dann Bedeutung, wenn der Getaufte damit immer und überall Ernst macht, was für ihn aufgrund der Taufe gilt: Christ, werde, was du bist!

So gesehen ist die Taufe eine Aufforderung an die Eltern der getauften Kinder, wie auch an die Getauften selbst, sich ständig zu bekehren und unablässig das Licht zu suchen inmitten einer Welt der Finsternis und das Leben zu wählen inmitten einer den Todesmächten huldigenden Gesellschaft.

SAKRAMENT DER GEMEINSCHAFT

Die Taufe öffnet die Tür zur Eucharistie. Sie ist das Sakrament, durch das Jesus Christus in eine innige, fortdauernde Kommunion mit uns tritt. Die Eucharistie ist das Sakrament des Tisches, des Altares, das Sakrament des Essens und Trinkens, der Speise und des Trankes. Sie ist das Sakrament täglicher Nahrung.

Während die Taufe ein einmaliges Ereignis im Leben des Christen ist, kann die Eucharistie ein monatliches, wöchentliches, ja tägliches Geschehen sein. Christus gab uns die Eucharistie als ständiges Gedächtnis seines Lebens und seines Todes. Gedächtnis bedeutet im Sinne der Heiligen Schrift nicht nur ein Daran-Denken, sondern das rühmende Erzählen der Taten Gottes, die durch die liturgische Feier hier und jetzt gegenwärtig werden. Dieses Gedächtnis macht uns zu Gliedern des Leibes Christi. Deshalb nahm Jesus am Abend vor seinem Leiden das Brot und sprach: »Das ist mein Leib!« Ebenso nahm er den Kelch und sprach: »Das ist mein Blut!« Indem wir den Leib Christi essen und sein Blut trinken, werden wir mit ihm eins.

30. SEPTEMBER

Zur Freiheit berufen

OKTOBER

Die Kraft seiner Gegenwart

JESUS REICHT SICH UNS SELBST

Laden wir Freunde zum Essen ein, bedeutet dies mehr, als ihnen eine Stärkung anzubieten. Wir bieten Freundschaft an, Gesellschaft, anregende Gespräche, Nähe und Verbundenheit. Sagen wir unseren Gästen: »Bitte, bedien' dich!« »Nimm doch etwas mehr!« »Sei nicht so bescheiden!« »Darf ich dir noch ein Glas einschenken?«, bieten wir ihnen nicht nur Speise und Trank an, sondern auch uns selbst. Es entsteht eine geistliche Bindung, die uns zu gegenseitiger Nahrung werden lässt.

Dies geschieht sehr tiefreichend und vollkommen, wenn Christus selbst sich uns in Speise und Trank gibt. Indem uns Chri stus sein Leib und sein Blut reicht, bietet er uns die innigste Kommunion an, die möglich ist: die Kommunion mit Gott.

1. OKTOBER

Die Kraft seiner Gegenwart

DIE MENSCHLICHSTE UND GÖTTLICHSTE GESTE

Die beiden Jünger, denen sich Jesus als Fremder auf dem Weg nach Emmaus anschloss, erkannten ihn, als sie zu Tisch saßen, er das Brot nahm, es segnete und brach. Gibt es eine schlichtere, alltäglichere Geste als das Brechen des Brotes? Es dürfte die menschlichste aller menschlichen Gesten sein: Sie ist Ausdruck der Gastfreundschaft, Gemeinschaft, Fürsorge und Zusammengehörigkeit. Ein Stück Brot nehmen, es segnen, brechen und den am Tisch Sitzenden geben bedeutet Einheit, Gemeinschaft, Friede. Indem Jesus dies tut, tut er etwas ganz Gewöhnliches wie Außergewöhnliches. Es ist die menschlichste und zugleich göttlichste Geste, die man sich vorstellen kann.

Das große Geheimnis dieser ganz alltäglichen und menschlichen Geste liegt darin, dass wir durch sie die Gegenwart Christi unter uns erkennen. Gott wird ganz und gar gegenwärtig, wenn wir ganz und gar menschlich sind.

2. OKTOBER

Die Kraft seiner Gegenwart

ORT DER VERWUNDBARKEIT UND DES VERTRAUENS

Wenn wir uns um den Tisch versammeln, vom selben Brot essen und aus demselben Becher trinken, sind wir gegenseitig sehr verwundbar. Wir können nicht in Frieden gemeinsam Mahl halten mit der Pistole im Gürtel oder dem Dolch in der Tasche. Wenn wir zusammen Brot brechen, legen wir unsere Waffen vor der Tür ab – seien es »körperliche« oder »geistige« Waffen – und betreten einen Raum gegenseitiger Verletzbarkeit und gegenseitigen Vertrauens.

Hier rühren wir an einen der großartigen Aspekte der Eucharistie: Sie ist der Ort, an dem ein verwundbarer Gott verwundbare Menschen einlädt, in Frieden zu einem Mahl zusammenzukommen. Wenn Jesus das Brot bricht und es uns reicht, schwindet alle Furcht, und Gott ist ganz nahe.

3. OKTOBER

Die Kraft seiner Gegenwart

UNSERE SPEISE UND UNSER TRANK

Jesus Christus ist das Wort Gottes, das vom Himmel herabgekommen ist, von der Jungfrau Maria kraft des Heiligen Geistes geboren und Mensch wurde. Dies geschah an einem bestimmten Ort und zu einer bestimmten Zeit. An jedem Tag aber, an dem wir Eucharistie feiern, kommt Jesus Christus vom Himmel herab in unsere Mitte, nimmt Brot und Wein und wird kraft des Heiligen Geistes unsere Speise und unser Trank. So setzt sich durch die Eucharistie die Menschwerdung Gottes zu jeder Zeit und an jedem Ort tatsächlich fort.

Vielleicht sagen wir uns manchmal: »Ich wollte, ich hätte damals, vor langer Zeit, bei Jesus und den Aposteln sein können!« Jesus ist uns jedoch näher, als er damals seinen engsten Freunden war. Heute ist er unser tägliches Brot.

4. OKTOBER

Die Kraft seiner Gegenwart

MIT IHNEN EINS

*I*n dem Augenblick, da die beiden Jünger mit Jesus in ihrem Haus in Emmaus zu Tisch saßen und sie ihn beim Brechen des Brotes erkannten, »entschwand er vor ihnen« (Lukasevangelium 24,31). Das Erkennen und Entschwinden sind ein einziges Geschehen. Warum? Weil die Jünger erkannten, dass ihr Herr, Christus, jetzt in ihnen lebt, dass sie Christus-Träger geworden waren. Daher sitzt er ihnen nicht mehr als Fremder oder als Gast gegenüber, sondern als Freund, mit dem sie sprechen und von dem sie guten Rat erhalten können.

Jesus wurde mit ihnen eins. Er gab ihnen seinen Geist der Liebe. Ihr Reisegefährte ist ihr innerster Herzensgefährte geworden. Nicht mehr sie leben, sondern Christus lebt in ihnen (vgl. Galaterbrief 2,20).

Wenn wir uns um den Tisch zur Feier der Eucharistie versammeln, das eine Brot essen und aus dem einen Kelch trinken und dabei die Worte sprechen: »Der Leib Christi« und »Das Blut Christi«, werden wir der lebendige Christus hier und jetzt.

An Jesus Christus glauben heißt nicht nur bekennen, dass er der Sohn Gottes ist, vor langer Zeit lebte, große Wunder wirkte, weise Lehren verkündete, am Kreuz starb und von den Toten auferweckt wurde. Es bedeutet vor allem, die Wahrheit voll und ganz annehmen, dass Jesus Christus in uns lebt und seinen göttlichen Auftrag in und durch uns erfüllt. Dieses geistliche Wissen, dass Christus in uns lebt, lässt uns das Geheimnis der Menschwerdung, des Todes und der Auferstehung als historische Ereignisse voll bejahen. Der Christus in uns ist es, der uns den Christus der Geschichte offenbart.

6. OKTOBER

Die Kraft seiner Gegenwart

JESUS CHRISTUS UNTER UNS

Die Eucharistie ist der Ort, an dem uns Jesus Christus voll und ganz gegenwärtig wird; denn er wird nicht nur der lebendige Christus in uns, sondern auch der lebendige Christus unter uns. Ebenso wie die Jünger in Emmaus, die Jesus beim Brechen des Brotes erkannt hatten, eine neue innige Zusammengehörigkeit und Vertrautheit erfuhren und den Mut fanden, zu ihren Leuten nach Jerusalem zurückzukehren, werden auch wir, die den Leib und das Blut Christi empfangen haben, eine neue Einheit unter uns erfahren. Indem uns bewusst wird, dass Christus in uns lebt, wird uns auch bewusst werden, dass Christus unter uns lebt und uns zu einem Leib von Menschen macht, die die Gegenwart Christi in der Welt gemeinsam bezeugen.

7. OKTOBER

Die Kraft seiner Gegenwart

SAKRAMENT DER EINHEIT

Die Eucharistie ist das Sakrament der Einheit. Sie macht uns zu einem Leib. Der heilige Paulus schreibt an die Christen in Korinth: »Darum sind wir viele ein Leib; denn wir alle haben teil an dem einen Brot« (1. Korintherbrief 10,17).

Die Eucharistie ist viel mehr als ein Ort, an dem wir unsere Einheit in Christus feiern. Die Eucharistie stiftet diese Einheit. Indem wir von dem einen Brot essen und aus dem einen Kelch trinken, werden wir der in der Welt gegenwärtige Leib Christi. Ebenso wie Christus beim Brechen des Brotes unter uns wirklich gegenwärtig wird, so werden wir als Brüder und Schwestern Christi einander gegenwärtig und Glieder des einen Leibes. Deshalb ist die Eucharistie nicht nur Zeichen der Einheit, sondern sie stiftet sie auch.

8. OKTOBER

Die Kraft seiner Gegenwart

CHRISTI LEIB, UNSER LEIB

Wenn wir uns zur Feier der Eucharistie versammeln, tun wir es im Namen Jesu Christi, der uns zusammenruft, damit wir das Gedächtnis seines Todes und seiner Auferstehung im Brechen des Brotes feiern. Hier ist er wahrhaft unter uns. »Denn wo zwei oder drei in meinem Namen versammelt sind, da bin ich mitten unter ihnen«, sagt Jesus (Matthäusevangelium 18,20).

Die Gegenwart Christi unter uns und in den Gaben von Brot und Wein sind eine einzige Gegenwart. Indem wir Christus durch das Brechen des Brotes erkennen, erkennen wir ihn auch durch unsere Brüder und Schwestern. Indem wir einander das Brot geben und sagen: »Der Leib Christi«, geben wir uns selbst einander und sagen: »Wir sind der Leib Christi.« Es ist ein und dasselbe Geben, ein und derselbe Leib und ein und derselbe Christus.

9. OKTOBER

Die Kraft seiner Gegenwart

Das Sakrament der Eucharistie als das Sakrament der Gegenwart Christi unter uns und in uns hat die einzigartige Kraft, uns zu einem Leib zu vereinigen, ungeachtet von Alter, Hautfarbe, Rasse oder Geschlecht, beruflichem oder gesellschaftlichem Status. Die Eucharistie durchbricht diese vielen Grenzen und schafft den einen Leib Christi, der als vibrierendes Zeichen der Einheit und Gemeinschaft in der Welt lebt.

Jesus bittet seinen Vater inständig: »Alle sollen eins sein: Wie du, Vater, in mir bist und ich in dir bin, sollen auch sie in uns sein, damit die Welt glaubt, dass du mich gesandt hast« (Johannesevangelium 17,21). Die Eucharistie ist das Sakrament dieser unter allen Menschen gelebten göttlichen Einheit.

10. OKTOBER

Die Kraft seiner Gegenwart

EINANDER KENNEN LERNEN

Oft meinen wir, wir müssten zuerst einander kennen und verstehen lernen, wenn wir uns um den Altar versammeln und Eucharistie feiern. Selbstverständlich ist es gut, wenn sich diejenigen, die den Leib und das Blut Christi miteinander teilen, persönlich kennen. Das regelmäßige Zusammenkommen zur Feier der Eucharistie vermag aber eine geistliche Einheit zu stiften, die viel mehr bedeutet als das übliche »Einander-kennen«.

Indem wir durch die Teilnahme an der Eucharistie zusammen in die heiligen Geheimnisse des Todes und der Auferstehung Jesu Christi eintreten, werden wir mehr und mehr ein Leib. Wir lernen uns wahrhaft *in* Christus kennen.

11. OKTOBER

Die Kraft seiner Gegenwart

VOLLSTÄNDIGE ANEIGNUNG

In der Eucharistie und durch sie werden Jesu Tod und Auferstehung für uns hier und jetzt Wirklichkeit. Indem wir von Christi Leib und Blut essen und trinken, wird unser vergänglicher Leib mit dem auferstandenen Christus vereint. So bedeutet unser Tod wie Jesu Tod nicht Vernichtung, sondern Übergang zu neuem Leben.

Auf diese Weise vertieft und stärkt die Eucharistie in uns jenen ersten Übergang, den wir in der Taufe vollzogen haben. Die Eucharistie ist das Sakrament, das uns die vollständige Aneignung und das Ausschöpfen unserer Taufgnade ermöglicht.

12. OKTOBER

Die Kraft seiner Gegenwart

DER MYSTISCHE LEIB CHRISTI

Wenn wir uns um den Tisch der Eucharistie versammeln und den Tod und die Auferstehung Jesu durch die Teilhabe am »Brot des Lebens« und am »Kelch des Heils« uns zu eigen machen, werden wir zusammen der lebendige Leib Christi.

Die Eucharistie ist das Sakrament, das uns zu einem Leib verbindet. Ein Leib werden, das bedeutet nicht, ein Team, eine Gruppe oder Gefolgschaft werden. Ein Leib werden heißt: der Leib Christi werden, der lebendige, in der Welt sichtbar gegenwärtige Herr werden, oder wie man auch sagt, der mystische Leib Christi werden. Aber *mystisch* und *real* sind auf der Ebene des Geistes ein und dasselbe.

13. OKTOBER

Die Kraft seiner Gegenwart

WIRKLICH GEGENWÄRTIG

Wo ist Jesus Christus heute? Er ist dort, wo alle, die an ihn glauben und diesem Glauben durch die Taufe und den Empfang der Eucharistie Ausdruck verleihen, ein Leib werden. Solange wir uns den Leib der Glaubenden als eine Gruppe von Menschen vorstellen, die der gemeinsame Glaube an Jesus von Nazaret verbindet, bleibt Jesus eine historische Gestalt. Sind wir uns aber dessen bewusst, dass der Leib, der Jesus Christus in der Eucharistie Gestalt gibt, *sein* Leib ist, dann werden wir zu erkennen beginnen, was wirkliche Gegenwart heißt. Jesus Christus, der in den Gaben seines Leibes und seines Blutes gegenwärtig ist, wird ebenso im Leib der Glaubenden gegenwärtig, der durch diese Gaben gebildet wird. Wir alle, die den Leib Christi empfangen, werden der lebendige Christus.

DIE SÄULEN DER KIRCHE

Die beiden Hauptsakramente Taufe und Eucharistie sind die geistlichen Säulen der Kirche. Sie sind keine bloßen Instrumente, mit denen die Kirche ihren Dienst ausübt; ebensowenig sind sie bloße Mittel, mit denen wir Glieder der Kirche werden und bleiben. Diese beiden Sakramente stiften Kirche. Ohne diese Sakramente gibt es keine Kirche.

Die Kirche ist der Leib Christi, der durch die Taufe und Eucharistie Gestalt erhält. Wenn Menschen im Namen des Vaters und des Sohnes und des Heiligen Geistes getauft werden und sie sich um den Tisch des Herrn versammeln, seinen Leib und sein Blut empfangen, werden sie das Volk Gottes, das Kirche genannt wird.

AUS DER SKLAVEREI HERAUSGERUFEN

Die Kirche ist das Volk Gottes. Das griechische Wort für »Kirche« heißt »ekklesia«. Es setzt sich aus dem Umstandswort *ek* = »aus« und dem Tätigkeitswort *kalein* = »herausrufen« zusammen. Die Kirche ist demnach die Schar, die Gemeinschaft der Herausgerufenen, das Volk Gottes, das aus der Sklaverei in die Freiheit, aus der Sünde zur Erlösung, aus der Verzweiflung zur Hoffnung, aus der Finsternis ins Licht, aus einem »Dasein zum Tode« in ein »Dasein zum Leben« herausgerufen wurde.

Wenn wir Kirche sagen, müssen wir an eine »Körperschaft«, einen Leib von Menschen denken, der gemeinsam unterwegs, auf Pilgerschaft ist. Wir müssen uns darunter Frauen, Männer und Kinder jeden Alters, Menschen aller Rassen und aller sozialen Schichten vorstellen, die einander auf ihrer langen und oft beschwerlichen Reise in die endgültige Heimat beistehen und stützen.

16. OKTOBER

Die Kraft seiner Gegenwart

MAKELLOS UND BEFLECKT

Die Kirche ist heilig und sündig, makellos *und* befleckt. Die Kirche ist die Braut Christi, der sie in reinigendem Wasser wusch und zu sich nahm, »ohne Flecken, Falten oder andere Fehler, doch heilig *und* makellos« (Epheserbrief 5,26f.). Zugleich ist die Kirche eine Gemeinschaft sündiger, irritierter und von Angst geplagter Menschen, die fortwährend von den Mächten der Lust und Gier versucht werden und sich immer wieder in Rivalität und Konkurrenz verfangen.

Wenn wir von der Kirche als einem Leib sprechen, meinen wir dabei den heiligen und makellosen Leib, der durch die Taufe und die Eucharistie Christus-gleich geworden ist, *und* die befleckten und gebrochenen Leiber aller Menschen, die ihre Glieder sind. Nur wenn wir diese beiden Sichtweisen nicht auseinanderhalten, können wir in der Kirche als wahre Jünger Jesu Christi leben.

17. OKTOBER

Die Kraft seiner Gegenwart

AN DIE KIRCHE GLAUBEN

Die Kirche ist ein Gegenstand unseres Glaubens. Im Apostolischen Glaubensbekenntnis beten wir: »Ich glaube an Gott, den Vater ... und an Jesus Christus, seinen Sohn ... Ich glaube an den Heiligen Geist, die heilige katholische Kirche, Gemeinschaft der Heiligen, Vergebung der Sünden, Auferstehung der Toten und das ewige Leben.« Wir müssen an die Kirche glauben! Das Apostolische Glaubensbekenntnis sagt nicht, dass die Kirche eine Organisation ist, die uns hilft, an Gott, Vater, Sohn und Heiligen Geist, zu glauben. Vielmehr sind wir aufgerufen, mit demselben Glauben an die Kirche zu glauben, mit dem wir an Gott glauben.

An die Kirche zu glauben erscheint oft schwerer, als an Gott zu glauben. Wenn wir aber unseren Glauben an Gott und unseren Glauben an die Kirche trennen, werden wir ungläubig. Gott hat uns die Kirche als den Ort geschenkt, an dem er der Gott-mit-uns sein kann.

18. OKTOBER

Die Kraft seiner Gegenwart

DIE ZWEI SEITEN EINES GLAUBENS

Unser Glaube an Gott, der seinen Sohn in die Welt sandte, um Gott-mit-uns zu werden, der mit seinem Sohn seinen Geist sandte, um Gott-in-uns zu werden, kann ohne unseren Glauben an die Kirche nicht echt sein. Die Kirche ist jener unglaubliche Leib von Menschen, in dem Gott seine Liebe zu uns offenbaren wollte. So wie es uns unglaublich erscheint, dass Gott durch eine junge Frau aus einem kleinen, unbedeutenden Ort im Nahen Osten vor nahezu zweitausend Jahren Mensch werden wollte, ebenso unglaublich erscheint, dass Gott sein Werk der Erlösung in einer Gemeinschaft von Menschen fortsetzen will, die unablässig diskutieren und debattieren, sich in Autoritätskonflikte und Machtspiele verstricken.

Trotzdem sind der Glaube an Jesus Christus und der Glaube an die Kirche die zwei Seiten ein und desselben Glaubens. Es ist unglaublich, aber göttlich.

ÜBERREICHE GNADE

Die Kirche hat im Laufe ihrer Geschichte genug Anlass gegeben, dass sich kritische Christen von ihr abgewendet haben: Blutige Kreuzzüge, Pogrome, Glaubens- und Machtkämpfe, Unterdrückung, Inquisition, Verfolgung, Exkommunikation, Manipulation, Scheiterhaufen und eine Folge von Spaltungen auf ihrem Weg durch die Jahrhunderte sind unübersehbare, erschreckende Beispiele.

Können wir daran glauben, dass es dieselbe Kirche ist, die in ihrer Mitte das Wort Gottes und die Sakramente, Zeichen Gottes heilender Liebe, bewahrt? Können wir darauf vertrauen, dass die Kirche inmitten aller menschlichen Gebrochenheit der Welt den gebrochenen Leib Christi als Nahrung zum ewigen Leben reicht? Können wir anerkennen, dass dort, wo Sünde und Schuld groß, die Gnade übergroß ist, und dass dort, wo Zusagen immer und immer wieder gebrochen werden, Gottes Zusage und Verheißung unveränderlich fortbesteht? Glauben heißt, auf diese Fragen mit Ja zu antworten.

20. OKTOBER

Die Kraft seiner Gegenwart

Wie Jesus ein Mensch unter vielen war, ist die Kirche eine Organisation unter vielen. Und wie es auch Menschen von anziehenderer Erscheinung als Jesus gegeben haben mag, kann es auch viele Organisationen geben, die sich besser darzustellen verstehen als die Kirche. Aber Jesus ist der Christus, der unter uns erschienen ist, um uns Gottes Liebe zu offenbaren; und die Kirche ist sein Volk, das zusammengerufen ist, um seine Gegenwart in der Welt von heute sichtbar zu machen.

Hätten wir Jesus als den Christus erkannt, wenn er uns vor nahezu zweitausend Jahren begegnet wäre? Vermögen wir ihn heute in seinem Leib, der Kirche, zu erkennen? Wir sind aufgefordert, einen Sprung des Glaubens zu tun. Wagen wir ihn, werden sich unsere Augen öffnen, und wir werden die Herrlichkeit Gottes sehen.

21. OKTOBER

Die Kraft seiner Gegenwart

Die Kirche ist eine sehr menschliche Organisation, aber auch der Garten der Gnade Gottes; ein Ort, an dem große Heiligkeit erblüht. Heilige sind Menschen, die uns den lebendigen Christus besonders eindringlich sichtbar machen. Viele Heilige gaben im Dienst für Christus und der Kirche ihr Leben hin, viele andere hinterließen zahlreiche schriftliche Zeugnisse ihres Glaubens und ihrer Verkündigung, die uns Nahrung sein können; viele führten ein heroisches Leben und setzten Maßstäbe unerschütterlichen Glaubens, viele andere lebten verborgen und versunken in Gebet, Schweigen und Meditation; viele erhoben ihre prophetische Stimme und riefen zu Umkehr und Erneuerung auf; viele andere entwickelten geistliche Methoden und Strategien und gründeten große Organisationen oder Werke tätiger Nächstenliebe. Viele Heilige waren gesund und stark, viele andere kränklich und oft ängstlich und unsicher.

Alle aber lebten auf je eigene Weise in der Kirche als einem Garten, in dem sie die Stimme hörten, die sie geliebte Kinder Gottes nannte, und in dem sie den Mut fanden, Jesus zum Mittelpunkt ihres Lebens zu machen.

22. OKTOBER

Die Kraft seiner Gegenwart

IN DER KIRCHE, NICHT VON IHR

*I*mmer wieder werden wir daran erinnert, dass wir *in* der Welt leben müssen, ohne *von* der Welt zu sein. Es dürfte jedoch schwieriger sein, *in* der Kirche zu sein, ohne *von* der Kirche zu sein. *Von* der Kirche sein, das bedeutet, sich von kirchlichen Affären oder Fehltritten ihrer Diener so sehr beunruhigen zu lassen und sich auf sie so sehr zu konzentrieren, dass wir dabei Christus aus dem Blick verlieren. Dann macht uns die Kirche durch das, was wir von ihr sehen, blind und durch das, was wir von ihr hören, taub. Doch Christus wohnt *in* der Kirche. Er lädt uns an seinen Tisch und sagt uns Worte ewiger Liebe.

In der Kirche sein, ohne *von* ihr zu sein, stellt uns vor eine große geistliche Herausforderung.

23. OKTOBER

Die Kraft seiner Gegenwart

DIE KIRCHE LIEBEN

Die Kirche zu lieben scheint oft nahezu unmöglich zu sein. Wir müssen uns allerdings vor Augen halten, dass alle in der Kirche – ob mächtig oder machtlos, konservativ oder progressiv, tolerant oder fanatisch – zu den unzähligen Zeugen gehören, die dieses Tal der Tränen durchschreiten, Lob- und Danklieder singen, auf die Stimme des Herrn hören und gemeinsam von dem Brot essen, das sich vermehrt, wenn man es austeilt. Bedenken wir dies, werden wir sagen können: »Ich liebe die Kirche und bin froh, ihr anzugehören.«

Es ist unsere heilige Pflicht, die Kirche zu lieben. Ohne wirkliche Liebe zur Kirche können wir in ihr nicht in Freude und Frieden leben. Und ohne wirkliche Liebe zur Kirche können wir auch niemand anderen für sie gewinnen.

24. OKTOBER

Die Kraft seiner Gegenwart

Die Kirche lieben, das hat nichts mit romantischen Gefühlen zu tun. Vielmehr setzt es den Willen voraus, den lebendigen Christus unter seinem Volk zu sehen und es so zu lieben, wie wir Christus selbst lieben möchten. Dies gilt nicht nur für die »Kleinen«, die Armen, die Unterdrückten, die Vergessenen, die Beiseitegeschobenen, sondern auch für die »Großen«, die in der Kirche ein Amt innehaben und Autorität besitzen.

Die Kirche zu lieben heißt: bereit zu sein, überall dort, wohin wir in der Kirche gehen, Jesus zu begegnen. Diese Liebe bedeutet freilich nicht, die Ideen oder das Verhalten von jedermann gutzuheißen und zu akzeptieren. Im Gegenteil: Sie kann uns dazu aufrufen, denen entgegenzutreten, die Christus vor uns verbergen. Ob wir aber entgegentreten oder Zustimmung geben, Kritik üben oder Beifall spenden, unser Reden und Handeln wird nur dann Frucht bringen, wenn es aus einem Herzen kommt, das die Kirche liebt.

25. OKTOBER

Die Kraft seiner Gegenwart

DIE AUTORITÄT DES MIT-LEIDENS

Oft fügt die Kirche tiefe Verletzungen zu. Menschen, die religiöse Autorität besitzen, können uns durch ihre Worte, ihr Verhalten und ihre Forderungen verletzen. Gerade weil unser Glaube uns mit den Fragen über Leben und Tod konfrontiert, sind wir in unserem religiösen Empfinden leicht verletzbar. Seelsorger und Pastoralhelfer sind sich nicht immer bewusst, wie tief ein kritischer Hinweis, ein Zeichen der Zurückweisung oder Ungeduld bei Gemeindemitgliedern eindringen und wie lang sie in Erinnerung bleiben können.

Es besteht ein so großes Verlangen nach Sinn im Leben, nach Ermutigung und Trost, nach Vergebung und Versöhnung, nach Genesung und Heilung, dass jeder, dem in der Kirche Verantwortung und Autorität übertragen wurde, sich immer wieder bewusst machen sollte, dass religiöse Autorität am zutreffendsten mit dem Wort *Mit-Leiden* beschrieben ist. Orientieren wir uns auch darin an Jesus, dessen Autorität im Barmherzig-Sein, im Mit-Leiden zum Ausdruck kam.

26. OKTOBER

Die Kraft seiner Gegenwart

DER KIRCHE VERGEBEN

Wurden wir von der Kirche verletzt, sind wir leicht versucht, sie abzulehnen. Lehnen wir die Kirche aber ab, dann wird es uns sehr schwer fallen, mit dem lebendigen Christus in Berührung zu bleiben. Wenn wir vielleicht sagen: »Ich liebe Jesus Christus, aber nicht die Kirche«, werden wir eines Tages nicht nur die Kirche, sondern auch Christus aufgeben. Wir müssen der Kirche verzeihen. Diese Herausforderung ist deshalb groß, weil die Kirche selbst uns selten um Verzeihung bittet, zumindest nicht offiziell. Dennoch braucht die Kirche als eine oft auch intolerante menschliche Organisation unser Vergeben, während die Kirche als lebendiger Christus unter uns uns ständig Vergebung anbietet.

Denken und sprechen wir über die Kirche als über eine Gemeinschaft sich mühender, schwacher Menschen, der wir angehören und in der wir unserem Herrn und Erlöser begegnen.

27. OKTOBER

Die Kraft seiner Gegenwart

UNSERE WEGBEGLEITER

Die Kirche als der Leib Christi hat viele Gesichter und Erscheinungsformen. Die Kirche betet und feiert Gottesdienst. Sie spricht Worte der Unterweisung und der Heilung; durch sie werden wir von Sünde und Schuld befreit, sie lädt uns an den Tisch des Herrn, verbindet uns zu einem Bund der Liebe, sendet uns aus zum Dienst in der Welt, salbt uns, wenn wir krank sind oder sterben, sie begleitet uns auf unserer Suche nach Sinn und stützt uns. Diese verschiedenen Gesichter der Kirche mögen uns nicht immer in ihren Dienern begegnen. Aber leben wir mit dem Vertrauen, dass Jesus in unserer Kirche zu uns kommt, werden wir den Dienst der Kirche an Orten und in Gesichtern zum Ausdruck gebracht sehen, wo wir es am wenigsten erwarteten.

Wenn wir wahrhaft Jesus lieben, wird er uns die Menschen senden, die uns geben, was wir am dringendsten brauchen. Sie werden unsere geistlichen Wegbegleiter sein.

28. OKTOBER

Die Kraft seiner Gegenwart

EIN LEIB UND VIELE GLIEDER

Die Kirche ist ein Leib. Der heilige Paulus schreibt: »Durch den einen Geist wurden wir in der Taufe alle in einen einzigen Leib aufgenommen...; alle wurden wir mit dem einen Geist getränkt« (1. Korintherbrief 12,13). Dieser eine Leib hat aber viele Glieder. Denn, sagt Paulus weiter, »wären alle zusammen nur *ein* Glied, wo bliebe dann der Leib? So aber gibt es viele Glieder und doch nur *einen* Leib« (1. Korintherbrief 12,19f).

Nicht jeder kann alles sein. Oft erwarten wir von einem Glied unseres Leibes, dass es Aufgaben erfüllt, für die andere da sind. Von der Hand kann aber nicht verlangt werden, dass sie sieht, und vom Auge nicht, dass es hört.

Gemeinsam bilden wir den Leib Christi, jeder einzelne ist ein Teil des Ganzen (vgl. 1. Korintherbrief 12,27). Seien wir für unseren begrenzten, aber wirklichen Teil am Leib dankbar!

29. OKTOBER

Die Kraft seiner Gegenwart

DIE SCHWACHHEIT IM MITTELPUNKT

Die am meisten geachteten Teile des Leibes, diejenigen, die führen und kontrollieren, sind nicht der Kopf oder die Hände. Die wichtigsten sind die am wenigsten vorzuzeigenden Teile. Das ist das Geheimnis der Kirche. Als ein Volk, das aus der Unterdrückung in die Freiheit geführt wurde, müssen wir anerkennen, dass es die Schwächsten unter uns sind – die Alten, die Kinder, die Behinderten, die Hungernden und Kranken –, die den eigentlichen Mittelpunkt bilden. Der Apostel Paulus schreibt an die Christen in Korinth: »Denen, die wir für weniger edel ansehen, erweisen wir um so mehr Ehre« (1. Korintherbrief 12,23).

Die Kirche als das Volk Gottes kann den lebendigen Christus unter uns nur dann verkörpern, wenn die Armen ihr am meisten geachteter Teil bleiben. Sorge für die Armen bedeutet deshalb viel mehr als christliche Nächstenliebe. Sie ist das Lebensprinzip und die Seele des Leibes Christi.

30. OKTOBER

Die Kraft seiner Gegenwart

AUF DIE ARMEN FIXIERT

Wie jede menschliche Organisation ist auch die Kirche ständig der Gefahr der Korruption ausgesetzt. Sobald die Kirche zu Macht und Wohlstand gelangt, sind Manipulation, Ausbeutung, Machtmissbrauch und unverhohlene Korruption nicht fern.

Wie ist der Korruption in der Kirche vorzubeugen? Die Antwort ist klar: durch Fixierung auf die Armen. Die Armen machen die Kirche in ihrer Berufung glaubwürdig. Sobald die Kirche keine Kirche der Armen mehr ist, verliert sie ihre geistliche Identität. Sie verfängt sich in Widersprüchen, in Argwohn, Machtspielen und Nebensächlichkeiten. Der heilige Paulus sagt: »Gott aber hat den Leib so zusammengefügt, dass er dem geringsten Glied mehr Ehre zukommen ließ, damit im Leib kein Zwiespalt entstehe, sondern alle Glieder einträchtig füreinander sorgen« (1. Korintherbrief 12,24f).

Das ist die einzig gültige Sicht. Die Armen sind der Kirche gegeben, damit die Kirche als der Leib Christi ein Ort gegenseitiger Fürsorge und Liebe wie auch des Friedens untereinander sein und bleiben kann.

31. OKTOBER

Die Kraft seiner Gegenwart

NOVEMBER

Leben und Weiterleben

DIE AM RAND LEBEN

Diejenigen, die in der Welt an den Rand gedrängt sind, stehen in der Kirche im Mittelpunkt. Und das ist richtig so! Deshalb müssen wir als Glieder der Kirche zu den Menschen am Rand der Gesellschaft gehen: zu den Obdachlosen, den Hungernden, den elternlosen Kindern, den Aids-Kranken, zu unseren emotional gestörten Brüdern und Schwestern – ihnen allen gilt in allererster Linie unsere Aufmerksamkeit.

Wir können uns darauf verlassen, dass engstirniges Gezänk, fruchtloses Debattieren und lähmende Eifersüchteleien in den Hintergrund treten und bald ein Ende haben werden, wenn wir uns mit aller Energie den am Rand unserer Gesellschaft Lebenden zuwenden. Die Kirche wird immer erneuert werden, wenn unsere Aufmerksamkeit sich nicht mehr auf uns selbst richtet, sondern auf die verlagert wird, die unsere Hilfe und Fürsorge brauchen. Der Segen Jesu Christi kommt immer durch die Armen zu uns. Alle, die im Dienst an den Armen stehen, machen nach kurzer Zeit die überraschende Erfahrung, dass die Armen im Grunde mehr geben, als sie entgegennehmen. Sie geben uns Nahrung.

1. NOVEMBER

Leben und Weiterleben

WER SIND DIE ARMEN?

Die Armen sind der Mittelpunkt der Kirche. Wer aber sind die Armen? Vielleicht denken wir dabei zuerst an Menschen, die nicht so sind wie wir: Menschen, die in Slums leben, in Suppenküchen essen, Menschen, die unter Brücken übernachten, Menschen in Gefängnissen, in Heilanstalten und Pflegeheimen. Die Armen können aber in unserer nächsten Nähe sein: Sie können in der eigenen Familie leben, unserer Pfarrgemeinde angehören oder auf demselben Stockwerk wohnen und noch näher sein: Die Armen können wir selbst sein, wenn wir uns nicht geliebt, wenn wir uns abgelehnt, ignoriert oder missachtet fühlen.

Sehen und erfahren wir Armut – weiter weg, in unserer Nähe oder in unserem eigenen Herzen –, gerade dann müssen wir Kirche werden, sollten wir als Bruder und Schwester einander die Hände halten, unsere eigene Gebrochenheit und Bedürftigkeit bekennen, einander vergeben, die Wunden verbinden und uns zum Brechen des Brotes um den Tisch des Herrn versammeln.

So erkennen wir Jesus als den Armen, der für uns arm wurde.

2. NOVEMBER

Leben und Weiterleben

KIRCHE DER ARMEN

Wenn wir zu unserer eigenen Armut stehen und unsere Armut mit der unserer Brüder und Schwestern verbinden, werden wir die Kirche der Armen, die die Kirche Jesu Christi ist. Solidarität ist ein Wesensmerkmal der Kirche der Armen. Freude und Schmerz müssen geteilt werden. Als ein Leib werden wir das Seufzen wie auch den Jubel der anderen zutiefst erfahren. So sagt der heilige Paulus: »Wenn *ein* Glied verwundet ist, teilen alle Glieder seinen Schmerz. Und wenn *ein* Glied geehrt wird, teilen alle Glieder seine Freude« (1. Korintherbrief 12,26).

Vielleicht wollen wir manchmal gar nicht Glied dieses Leibes sein, weil wir dabei den Schmerz anderer heftig zu spüren bekommen. Je mehr wir anderen Liebe erweisen, desto mehr werden wir auch ihren Schmerz empfinden. Im Schmerz aber ist Freude verborgen. Teilen wir den Schmerz, werden wir auch die Freude teilen.

3. NOVEMBER

Leben und Weiterleben

DIE ARMUT UNSERER KIRCHLICHEN VORGESETZTEN

Armut, Leid und Schmerz werden hauptsächlich, wenn nicht gar ausschließlich, als Wirklichkeiten angesehen, die auf der unteren Ebene der Kirche anzutreffen sind. Selten sehen wir diejenigen, die höher stehen und uns leiten, als arm an. Aber auch auf der höheren Ebene unserer Kirche gibt es Armut, quälende Einsamkeit, schmerzliche Isolierung, tiefe innere Not und viel emotionales Leiden.

Wir müssen den Mut haben, das Leiden der Verantwortlichen, der Amtsträger in der Kirche – Kapläne und Pfarrer, Prälaten, Bischöfe und Päpste – anzuerkennen und sie in die Gefolgschaft der Schwachen aufzunehmen. Lassen wir einmal Geltung, Amt und Würden derer, die uns vorstehen und leiten, beiseite und sehen auf den Menschen, werden uns auch hier Ohnmacht, Armut und Versagen begegnen, und wir werden uns frei fühlen, ihnen das Mit-Leid entgegenzubringen, das wir denen schenken möchten, die auf der unteren Ebene der Kirche stehen.

In Gottes Augen gibt es kein Unten und Oben. In unseren Augen sollte es nicht anders sein.

4. NOVEMBER

Leben und Weiterleben

DIE SENDUNG DER KIRCHE

Auf unserer Erde gibt es mehr Menschen außerhalb der Kirche als in ihr. Abermillionen sind getauft, Abermillionen nicht, Abermillionen nehmen an der Feier der Eucharistie und des Abendmahls teil, aber noch viel mehr Millionen wissen von alldem nichts.

Die Kirche als der Leib Christi, als der lebendige Christus in der Welt, hat eine größere Aufgabe, als ihre eigenen Mitglieder zu nähren, zu stärken und zu führen. Sie ist auch dazu berufen, Zeugnis zu geben von der Liebe Gottes, die in Jesus Christus sichtbar geworden ist. Am Abend vor seinem Leiden und Tod sagte Jesus zu seinen Jüngern: »Wie du mich in die Welt gesandt hast, so habe auch ich sie in die Welt gesandt« (Johannesevangelium 17,18). Zum Wesen des Kircheseins gehört auch das lebendige Zeugnisgeben für Christus in der Welt.

DIENST DER VERSÖHNUNG UND HEILUNG

Wie gibt die Kirche in der Welt Zeugnis von Christus? Zuerst und vor allem dadurch, dass sie die Liebe Jesu zu den Armen und Schwachen sichtbar macht. In einer Welt, die nach Heilung, Vergebung, Versöhnung und vor allem nach bedingungsloser Liebe hungert, muss die Kirche diesen Hunger durch ihren Dienst stillen. Wo immer wir Hungernde speisen, Nackte bekleiden, Einsame besuchen, Menschen Gehör schenken, die beiseite geschoben werden, und wem immer wir in Spaltung Einheit und in Zwietracht Frieden bringen, dem verkünden wir den lebendigen Christus, ob wir von ihm ausdrücklich sprechen oder nicht.

Wohin wir auch gehen und was wir auch tun, immer stehen wir im Namen Jesu Christi, der uns in die Welt ausgesandt hat. Außerhalb seines Namens wird unser Dienst seine göttliche Energie verlieren.

6. NOVEMBER

Leben und Weiterleben

WEITERERZÄHLEN

Die Kirche ist berufen, allen Völkern und Nationen die Frohbotschaft Jesu Christi zu verkünden. Neben den vielen Werken der Barmherzigkeit, durch die die Kirche die Liebe Jesu Christi sichtbar machen muss, muss sie auch das große Geheimnis der Erlösung durch Jesu Leben, Leiden, Tod und Auferstehung voll Freude verkünden. Die Geschichte Jesu muss bekannt gemacht und gefeiert werden. Dabei werden die einen hören und sich freuen, die anderen aber gleichgültig bleiben und wieder andere uns ihre Abneigung zu spüren geben. Die Geschichte Jesu wird nicht immer auf offene Ohren stoßen, doch muss sie erzählt werden.

Alle, die die Geschichte Jesu kennen und versuchen, nach ihr zu leben, haben die beglückende Aufgabe, sie anderen weiterzuerzählen. Kommen unsere Worte aus einem liebevollen und dankbaren Herzen, werden sie auch Früchte tragen, ob wir sie sehen oder nicht.

7. NOVEMBER

Leben und Weiterleben

GEMEINSCHAFT HEILIGER ZEUGEN

Häufig begrenzen wir die Kirche auf die Gemeinschaft der Menschen, die sich klar mit ihr identifizieren und als ihre Mitglieder betrachten. Da alle Menschen Christus gehören, überschreitet aber die Kirche als jener Leib von Zeugen, die den lebendigen Christus offenbaren, die Grenzen jeder menschlichen Institution. Und Jesus selbst sagt: Der Geist »weht, wo er will« (Johannesevangelium 3,8). Der Geist Jesu Christi vermag die Herzen zu bewegen, wo immer er will. Er lässt keine menschlichen Grenzen gelten.

Es gibt eine Gemeinschaft heiliger Zeugen des auferstandenen Christus, die bis an die Enden der Erde und sogar über sie hinaus reicht. Zu ihr gehören Menschen aus ferner Zeit und von fernen Orten. Es ist jene unübersehbare Gemeinschaft von Frauen und Männern, die durch ihr Wort und ihr Handeln die Herrschaft Jesu Christi verkündet haben und weiterhin verkünden.

Immer wieder erleben wir, dass Menschen jung sterben: durch einen Unfall, durch Gewalttätigkeiten, körperliche oder seelische Verwahrlosung, durch Drogenmissbrauch. Dabei fragen wir uns, worin der Wert ihres Lebens bestehen mag. Es scheint, als sei ihre Lebensreise abgebrochen worden, noch bevor sie eines ihrer Ziele erreichen, einen ihrer Träume verwirklichen oder eine ihre Aufgaben wirklich ausführen konnten. So kurz ihr Leben aber gewesen sein mag, zählen sie doch zu jener großen Schar von Heiligen aller Zeiten und Orte, die in weißen Gewändern vor dem Thron des Lammes stehen und mit lauter Stimme den Sieg des gekreuzigten Christus verkünden (vgl. Offenbarung 7,9).

Der Bericht von der Ermordung der unschuldigen Kinder in Betlehem und der ganzen Umgebung, die König Herodes befahl, um dabei auch das Kind Jesus zu töten (vgl. Matthäusevangelium 2,13-18), erinnert uns daran, dass Heiligkeit nicht allein durch ein langes, mühevolles Leben erworben wird. Diese und viele andere Kinder, die früh sterben mussten, gehören ebenso zu Christus wie die vielen anderen, die heroische Taten vollbrachten.

MENSCHEN WIE WIR

Durch die Taufe werden wir Mitglieder einer Familie, die viel größer als jede biologische Familie ist. Es ist die Familie von Menschen, die von Gott »ausgesondert« wurden, um Licht in der Dunkelheit zu sein. Sie werden Heilige genannt. Wenngleich wir Heilige für fromm und demütig, von uns entrückt ansehen und sie mit einem Heiligenschein und in ekstatischen Haltungen darstellen, sind wahre Heilige durchaus nicht unerreichbar. Sie sind Männer und Frauen wie wir, führen ein ganz normales Leben und haben mit den ganz normalen Problemen des Alltags zu kämpfen. Was sie heilig macht, ist ihre entschiedene, unbeirrbare Ausrichtung auf Gott und das Volk Gottes. Das Leben mancher Heiliger mag ganz anders als das unsere sein; das der meisten aber ist dem unseren auffallend ähnlich.

Die Heiligen sind unsere Brüder und Schwestern. Sie rufen uns auf, wie sie zu werden.

10. NOVEMBER

Leben und Weiterleben

DAS NETZWERK DES GOTTESVOLKES

Die Heiligen sind Gottes heiliges Volk. Der Apostel Paulus bezeichnet alle, die zu Christus gehören, als »Geheiligte« oder »Heilige«. Er richtet seine Briefe »an die Geheiligten in Christus Jesus, berufen als Heilige mit allen, die den Namen Jesu Christi, unseres Herrn, überall anrufen« (1. Korintherbrief 1,2; vgl. auch Epheserbrief 1,1). Diese Heiligkeit ist das Werk des Geistes Jesu Christi. So sagt Paulus an anderer Stelle: »Wir alle spiegeln mit enthülltem Angesicht die Herrlichkeit des Herrn wider und werden so in sein eigenes Bild verwandelt, von Herrlichkeit zu Herrlichkeit, durch den Geist des Herrn« (2. Korintherbrief 3,18).

Als Heilige gehören wir zu diesem unermesslichen Netzwerk des Volkes Gottes, das wie ein Meer von Sternen in der Finsternis des Universums leuchtet.

11. NOVEMBER

Leben und Weiterleben

SIE LEBEN IN UNS WEITER

*D*er Gemeinschaft der Heiligen anzugehören bedeutet, dass wir mit allen Menschen verbunden sind, die durch den Geist des Herrn »in sein eigenes Bild« verwandelt wurden. Diese Verbundenheit ist tief und eng. Alle, die als Brüder und Schwestern Jesu Christi gelebt haben, leben in uns weiter, auch wenn sie gestorben sind, gerade so, wie Jesus in uns weiterlebt, auch wenn er gestorben ist.

Wir leben in der Erinnerung, im Gedenken an Jesus Christus und die Heiligen. Diese Erinnerung ist kein bloßes Daran-Denken, sondern ein wirkliches Gegenwärtigsein. Jesus Christus und seine Heiligen sind Teil unseres tiefsten geistlichen Wissens von Gott. Sie inspirieren uns, leiten, ermutigen und geben uns Hoffnung. Sie sind die Quelle unserer fortwährenden Verwandlung. Ja, wir tragen Christus und seine Heiligen in uns und erhalten sie somit für alle, mit denen wir leben und arbeiten, am Leben.

12. NOVEMBER

Leben und Weiterleben

EIN HERZ, SO WEIT WIE DIE WELT

Das Bewusstsein, dass wir Teil der Gemeinschaft der Heiligen sind, lässt unser Herz so weit werden wie die Welt. Die Liebe, die wir verschenken, ist nicht bloß unsere Liebe, sondern die Liebe Jesu Christi und seiner Heiligen, die in uns leben. Wenn der Geist Jesu Christi in unseren Herzen lebt, dann leben auch alle, die in diesem Geiste gelebt haben, darin: unsere Eltern, Großeltern und Urgroßeltern, unsere Lehrer und deren Lehrer, unsere Seelsorger und deren Seelsorger, unsere geistlichen Begleiter und deren Begleiter – alle heiligen Frauen und Männer, die die lange Kette der Liebe im Lauf der Geschichte bilden, sind Teil unseres Herzens, das sich der Geist Jesu Christi als Wohnung erwählt hat.

Die Gemeinschaft der Heiligen ist kein bloßes Beziehungsgeflecht von Menschen, es ist zuerst und vor allem die Gemeinschaft unserer Herzen.

13. NOVEMBER

Leben und Weiterleben

DIE FRUCHT GEMEINSCHAFTLICHEN LEBENS

Unsere heutige Gesellschaft ermuntert zum Individualismus. Man versucht uns davon zu überzeugen, dass alles, was wir denken, sagen oder tun, das Ergebnis unserer eigenen Fähigkeiten und nur diesen zu verdanken ist. Als Menschen aber, die der Gemeinschaft der Heiligen angehören, wissen wir, dass jeder geistliche Wert nicht das Resultat individuellen Vermögens ist, sondern die Frucht einer Lebensgemeinschaft.

Was alles wir über Gott und Gottes Liebe wissen, was alles wir über Jesus Christus, sein Leben, seinen Tod und seine Auferstehung wissen, und was alles wir über die Kirche und ihren Dienst wissen, ist kein Produkt, keine Erfindung unseres Geistes, die mit einem Preis ausgezeichnet werden müsste. Vielmehr ist es das Wissen, das wir im Laufe der Jahrhunderte hindurch vom Volk Israel und den Propheten, von Jesus Christus und den Heiligen sowie von allen, die bei der Formung unseres Herzens eine Rolle gespielt haben, erworben haben. Wahres geistliches Wissen gehört der Gemeinschaft der Heiligen.

14. NOVEMBER

Leben und Weiterleben

UMFASSENDES WISSEN

*E*in geistliches Leben macht unser enges, furchtsames Herz so weit wie das Universum, weil der Geist Jesu Christi, der in uns wohnt, die ganze Schöpfung umfasst. Jesus Christus ist der Logos, das Wort, durch das alles geworden ist, Himmel und Erde, das ganze Universum. So sagt der heilige Paulus: »In ihm wurde alles erschaffen im Himmel und auf Erden, das Sichtbare und das Unsichtbare, Throne und Herrschaften, Mächte und Gewalten; alles ist durch ihn und auf ihn hin geschaffen… In ihm hat alles Bestand« (Kolosserbrief 1,16f).

Wenn also Jesus Christus in der Kraft und durch die Kraft seines Geistes in uns lebt, dann umfasst unser Herz nicht nur alle Menschen, sondern auch die ganze Schöpfung. Liebe vertreibt alle Furcht und sammelt, was Gott gehört.

Beten ist das Atmen mit dem Geist Jesu Christi und führt uns zu diesem großen, umfassenden Wissen.

15. NOVEMBER

Leben und Weiterleben

EINHEIT IM HERZEN GOTTES

Liebe vereint alles: das Geschaffene wie das Ungeschaffene. Das Herz Gottes, das Herz aller Schöpfung und unser eigenes Herz werden in Liebe eins. Alle großen Mystiker haben uns dies im Laufe der Jahrhunderte nahezubringen versucht. Benedikt von Nursia, Franz von Assisi, Hildegard von Bingen, Hadewych, Meister Eckhart, Teresa von Ávila, Johannes vom Kreuz, Dag Hammarskjöld, Thomas Merton und viele andere haben auf je eigene Weise und in je eigener Sprache die einende Kraft der göttlichen Liebe bezeugt.

Sie sprechen jedoch ausnahmslos mit einem Wissen, das sie nicht durch intellektuelle Argumentation, sondern durch Kontemplation und Gebet erworben haben. Der Geist Jesu Christi ließ sie das Herz Gottes, das Herz des Universums und ihr eigenes Herz als ein Herz sehen. Ja, im Herzen Gottes können wir zur vollen Verwirklichung der Einheit alles Geschaffenen und Ungeschaffenen gelangen.

16. NOVEMBER

Leben und Weiterleben

PASTORALER DIENST UND GEISTLICHES LEBEN

Alle Worte und Taten Jesu gingen aus seiner innigen Beziehung zu seinem Vater im Himmel hervor. »Glaubst du nicht«, sagt Jesus zu Philippus, »dass ich im Vater bin und dass der Vater in mir ist? Die Worte, die ich zu euch sage, habe ich nicht aus mir selbst. Der Vater, der in mir bleibt, vollbringt seine Werke. Glaubt mir doch, dass ich im Vater bin und dass der Vater in mir ist; wenn nicht, glaubt wenigstens auf Grund der Werke« (Johannesevangelium 14,10f).

So wie alle Worte und Taten Jesu aus seiner Kommunion mit seinem Vater hervorgingen, muss auch unser ganzes Reden und Tun aus unserer Kommunion mit Jesus Christus hervorgehen. »Amen, amen, ich sage euch: Wer an mich glaubt, wird die Werke, die ich vollbringe, auch vollbringen, und er wird noch größere vollbringen ... Alles, um was ihr in meinem Namen bittet, werde ich tun« (Johannesevangelium 14,12f).

Dieses wegweisende Wort Jesu enthüllt uns die Beziehung zwischen geistlichem Leben und seelsorglichem Dienst.

17. NOVEMBER

Leben und Weiterleben

IM NAMEN JESU CHRISTI HANDELN

Seelsorge, pastoraler Dienst, heißt Handeln im Namen Jesu Christi. Wenn unser ganzes Tun um seines Namens willen geschieht, wird es Frucht bringen für ewiges Leben. Im Namen Jesu Christi zu handeln bedeutet jedoch nicht, als eine Art Vertreter oder Sprecher Jesu aufzutreten und zu handeln. Vielmehr besagt es, in enger Kommunion mit ihm zu handeln. Der Name stellt eine Art Haus, ein Zelt, eine Wohnung dar. Deshalb bedeutet im Namen Jesu zu handeln, von dem Ort aus zu handeln, an dem wir mit Jesus in Liebe vereint sind.

Werden wir gefragt: »Wo bist du?«, sollten wir antworten können: »Ich bin im Namen Jesu Christi!« Dann wird alles, was wir tun, nichts anderes sein als Dienst, weil es immer Jesus selbst sein wird, der in uns und durch uns handelt.

So lautet die entscheidende Frage an alle, die im Dienst des Glaubens stehen: »Bist du im Namen Jesu Christi?« Können wir darauf mit Ja antworten, wird unser ganzes Leben Dienst sein.

18. NOVEMBER

Leben und Weiterleben

TÄTIGES WARTEN

Warten ist eine Grundhaltung geistlichen Lebens. Das Warten eines Jüngers Jesu ist aber kein leeres, sinnloses Warten. Es ist ein Warten mit einer Verheißung im Herzen, das uns stets vor Augen hält, worauf wir warten. Im Advent erwarten wir die Geburt Jesu, während der vierzig Tage nach Ostern warten wir auf die Sendung des Heiligen Geistes, und nach der Himmelfahrt des Herrn erwarten wir sein Wiederkommen in Macht und Herrlichkeit. Immer warten wir, doch in der Überzeugung, dass wir Gottes Fußspuren schon gesehen haben.

Das Warten auf Gott ist ein tätiges, wachsames und frohes Warten. Indem wir warten, erinnern wir uns an den, auf den wir warten, und indem wir uns an ihn erinnern, stiften wir eine Gemeinschaft, die bereit ist, ihn zu empfangen, wenn er kommt.

19. NOVEMBER

Leben und Weiterleben

WARTEN MIT GEDULD

Wie warten wir auf Gott? Wir warten mit Geduld. Geduld bedeutet aber nicht Passivität, Untätigsein. Geduldiges Warten ist deshalb etwas anderes als das Warten auf den nächsten Bus, das Warten auf das Ende des Regens oder den Aufgang der Sonne. Es ist ein tätiges Warten, bei dem wir den gegenwärtigen Augenblick in ganzer Fülle leben, um in ihm die Anzeichen dessen zu erkennen, auf den wir warten.

Wie das entsprechende lateinische Tätigkeitswort »patior« = »erleiden«, leitet sich auch das deutsche Wort »Geduld« von »dulden«, »erdulden«, »ertragen« ab. Geduldiges Warten bedeutet demnach: den gegenwärtigen Augenblick durchleiden, erdulden, seine Fülle erfahren und auskosten und den Samen, der in den Boden gesät ist, auf dem wir stehen, zu kräftigen Pflanzen heranwachsen zu lassen. Geduldig warten bedeutet immer: auf das zu achten, was vor unseren Augen geschieht, und darin das erste Aufleuchten des Kommens Gottes in Herrlichkeit zu sehen.

20. NOVEMBER

Leben und Weiterleben

WARTEN IN ERWARTUNG

Geduldiges Warten auf Gott schließt immer freudige Erwartung mit ein, die Aussicht auf die Erfüllung des Wartens. Ohne Erwartung kann sich unser Warten im Gegenwärtigen verlieren. Warten wir dagegen in Erwartung, ist unser ganzes Sein offen, um von Freude überrascht zu werden.

An verschiedenen Stellen des Evangeliums legt uns Jesus nahe, dass wir nüchtern und wachsam bleiben sollen. Und der Apostel Paulus macht der römischen Christengemeinde deutlich: »Brüder und Schwestern,... die Stunde ist gekommen, aufzustehen vom Schlaf. Denn jetzt ist das Heil uns näher als zu der Zeit, da wir gläubig wurden. Die Nacht ist vorgerückt, der Tag ist nahe. Darum lasst uns ablegen die Werke der Finsternis und anlegen die Waffen des Lichts« (Römerbrief 13,11f).

Dieses frohe Erwarten des Kommens Gottes bestimmt unser Leben und gibt ihm Spannung. Die Erwartung, dass Gottes Verheißungen an uns in Erfüllung gehen werden, lassen uns aufmerksam auf den Weg achten, auf dem wir gehen.

21. NOVEMBER

Leben und Weiterleben

Geduldiges Warten in Erwartung fällt mit zunehmenden Lebensjahren nicht leichter. Im Gegenteil: Werden wir älter, unterliegen wir unversehens der Versuchung, dem Einerlei unseres Lebens zu verfallen und zu sagen: »Was soll's, das haben wir doch alles schon gehabt ... Es gibt nichts Neues unter der Sonne ... Ich nehm's, so leicht es geht, und jeden Tag so, wie es kommt.«

Auf diese Weise verliert aber unser Leben jede schöpferische Spannung. Wir erwarten nicht mehr, dass etwas wirklich Neues geschieht, werden zynisch, selbstgenügsam oder einfach langweilig.

Das Alter stellt uns vor die Herausforderung, mit einer immer größeren Geduld und Erwartung zu leben. Es bedeutet, mit einer ungeduldigen Hoffnung zu leben und mit dem Vertrauen, dass wir durch Christus »auch den Zugang zu der Gnade erhalten haben und wir uns unserer Hoffnung rühmen auf die Herrlichkeit Gottes« (Römerbrief 5,2).

22. NOVEMBER

Leben und Weiterleben

WARTEN AUF SEINE WIEDERKUNFT

Leben wir nicht in geduldiger Erwartung des Kommens Gottes in Herrlichkeit, wird es nicht lange dauern, und wir drehen uns im Kreise, stolpern von einer kleinen Sensation zur anderen. Wir stopfen uns voll mit Zeitungsmeldungen, Fernsehgeschichten, Klatsch und Tratsch über Leute aus dem begrenzten Umkreis unseres Lebens. Unser Denken verliert die Disziplin, zu unterscheiden zwischen dem, was uns näher zu Gott führt, und dem, was uns von ihm abhält. Unser Herz verliert nach und nach die geistliche Sensibilität.

Warten wir nicht auf das Wiederkommen des Herrn, so treten wir in kurzer Zeit auf der Stelle und erliegen der Versuchung, allem nachzugeben, was augenblickliche Befriedigung verschafft. Der Apostel Paulus ermahnt uns, vom Schlaf aufzustehen, er sagt: »Lasst uns ehrenhaft leben wie am Tag, ohne maßloses Essen und Trinken, ohne Unzucht und Ausschweifung, ohne Streit und Eifersucht. Legt (als neues Gewand) den Herrn Jesus Christus an, und sorgt nicht so für euren Leib, dass die Begierden erwachen« (Römerbrief 13,13f).

Sollen wir dem Herrn entgegensehen, können wir ihn schon im Warten erfahren.

23. NOVEMBER

Leben und Weiterleben

Warten auf das Wiederkommen Jesu Christi und Warten auf die Auferstehung sind ein und dasselbe. Dieses Wiederkommen ist das Kommen des auferstandenen Herrn, der unseren sterblichen Leib mit sich in die Herrlichkeit Gottes erhöhen wird. Die Auferweckung Jesu Christi und die Auferweckung der Toten sind die Mitte unseres Glaubens. Unsere Auferweckung ist so eng mit der Auferweckung Jesu Christi verbunden, wie unser Geliebtsein mit dem Geliebtsein Jesu verbunden ist. Paulus ist in diesem Punkt entschieden und klar: »Wenn es keine Auferstehung der Toten gibt, ist auch Christus nicht auferweckt worden. Ist aber Christus nicht auferweckt worden, dann ist unsere Verkündigung leer und euer Glaube sinnlos« (1. Korintherbrief 15,13f).

Tatsächlich bedeutet unser Warten auf den auferstandenen Christus, mit ihm in das ewige Leben bei Gott erhöht zu werden. In der Sicht der Auferstehung Jesu und unserer eigenen Auferstehung erhalten sein und unser Leben ihre volle Bedeutung. »Wenn wir unsere Hoffnung nur in diesem Leben auf Christus gesetzt haben«, sagt der heilige Paulus, »sind wir erbärmlicher daran als alle anderen Menschen« (1. Korinther 15,19).

Wir brauchen nicht bedauert zu werden und sind nicht erbärmlicher daran, weil wir als Glaubende in der Nachfolge Jesu Christi weit über die Grenzen unseres kurzen Lebens auf Erden hinausschauen können und darauf vertrauen dürfen, dass nichts von alldem, was jetzt zu unserem leibhaften Sein gehört hat, vergehen wird.

24. NOVEMBER

Leben und Weiterleben

DIE VERBORGENE AUFERSTEHUNG

Die Auferstehung Jesu war ein verborgenes Geschehen. Jesus Christus ist nicht dem Grab erstanden, um seine Gegner zu verblüffen, um eine Siegeserklärung abzugeben oder denjenigen, die ihn ans Kreuz geliefert hatten, zu beweisen, dass er doch recht hatte. Jesus Christus ist von den Toten auferstanden als Zeichen für alle, die ihn geliebt hatten und ihm gefolgt waren; ein Zeichen dafür, dass die Liebe Gottes stärker ist als der Tod. Den Frauen und Männern, die sich ihm anvertraut hatten, offenbarte er, dass seine Sendung erfüllt war. Denen, die an seiner Sendung teilgenommen hatten, übertrug er die heilige Aufgabe, alle Menschen zu neuem Leben mit ihm aufzurufen.

Die Welt hat davon keine Notiz genommen. Nur diejenigen, die er beim Namen gerufen hatte, mit denen er das Brot brach und denen er Worte des Friedens gesagt hatte, erkannten, was geschah. Es war jedoch ein verborgenes Geschehen, das die Menschen von den Fesseln des Todes befreite.

ZEICHEN DER HERRLICHKEIT

Die Auferstehung Jesu Christi ist die Grundlage unseres Glaubens an die Auferstehung unseres Leibes. Oft wurde und wird gesagt, dass unser Leib das Gefängnis unserer Seele ist und das geistliche Leben der Weg, der aus diesem Gefängnis herausführt. Durch unseren Glauben an die Auferstehung des Leibes verkünden wir aber, dass das geistliche Leben und das leibliche Leben nicht getrennt werden können. Unser Leib, sagt der heilige Paulus, »ist ein Tempel des Heiligen Geistes« (1. Korintherbrief 6,19) und deshalb geheiligt.

Die Auferstehung des Leibes bedeutet, dass alles, was wir im Leib gelebt haben, nicht vergehen, sondern in unser ewiges Leben mit Gott erhöht werden wird. Wie Christus die Male seines Leidens an seinem auferstandenen Leib trägt, werden auch unsere Leiber bei der Auferstehung die Male unseres Leidens tragen. Bei der Auferstehung werden unsere Wunden Zeichen der Herrlichkeit sein.

26. NOVEMBER

Leben und Weiterleben

UNSER LEIB

Wir gebrauchen und missbrauchen unseren Leib auf verschiedenste Weise. Das Kommen Jesu Christi zu uns im Leib und seine leibhafte Erhöhung in die Herrlichkeit Gottes verlangen von uns, unseren eigenen Leib und den Leib anderer mit Ehrfurcht und Respekt zu behandeln.

Gott hat unseren Leib durch Jesus Christus zu einem geheiligten Ort gemacht. Er darf daher nicht missbraucht werden, weder durch Maßlosigkeit noch durch Ungerechtigkeit; vielmehr soll unser Leib in den Dienst der Liebe gestellt und immer mehr von Christus ergriffen werden. Unser Glaube an die Auferstehung des Leibes verlangt von uns, für unseren eigenen Leib und den Leib anderer mit Liebe zu sorgen. Wenn wir einander Wunden verbinden und uns um Heilung des Leibes bemühen, geben wir Zeugnis von der Heiligkeit des menschlichen Leibes, einem zu ewigem Leben bestimmten Leib.

27. NOVEMBER

Leben und Weiterleben

SAMENKORN DER AUFERSTEHUNG

Unser vergänglicher Leib aus Fleisch und Gebein wird zur Erde zurückkehren. So sagt der Verfasser des Buches Kohelet: Alles »geht an ein und denselben Ort«, alles »ist aus Staub entstanden«, alles »kehrt zum Staub zurück« (3,20). Alles aber, was zu unserem leiblichen Dasein gehört hat, wird bei der Auferstehung in einer neuen und ganzheitlichen Weise wiederhergestellt werden, das Vergängliche wird sich mit dem Unvergänglichen bekleiden und das Sterbliche mit Unsterblichkeit (vgl. 1. Korintherbrief 15,53).

Was für einen Leib werden wir haben? Wie sollen wir uns das denken? Wie soll das geschehen? Der heilige Paulus betrachtet unseren vergänglichen Leib als Samenkorn, aus dem unser auferstandener Leib hervorgeht. Er sagt: »Auch das, was du säst, wird nicht lebendig, wenn es nicht stirbt. Und was du säst, hat noch nicht die Gestalt, die entstehen wird; es ist nur ein nacktes Samenkorn, zum Beispiel ein Weizenkorn oder ein anderes. Gott gibt ihm die Gestalt, die er vorgesehen hat, jedem Samen eine andere« (1. Korintherbrief 15,36ff).

Wir werden eine neue, durch den Geist Gottes verwandelte und verklärte Gestalt und Leiblichkeit erhalten. Wir werden als Auferstandene ebenso einmalig sein wie in unserem irdischen Leib; denn Gott, der jeden einzelnen in seiner ganzen Individualität liebt, wird uns einen Leib geben, der unsere einzigartige Beziehung zu Gott herrlich zum Ausdruck bringt.

ZEIT DER AUSSAAT

Unser kurzes irdisches Leben ist eine Zeit der Aussaat. Gäbe es keine Auferweckung von den Toten, käme alles, was wir hier auf Erden tun, dem Nichts gleich. Wie sollten wir an einen Gott glauben, der uns bedingungslos liebt, wenn alle Freuden und Leiden unseres Lebens vergeblich sind, mit unserem sterblichen Fleisch und Gebein in der Erde vergehen? Wir können deshalb daran glauben, weil Gott uns von Ewigkeit her bedingungslos liebt und er nicht will, dass unser Leib – es ist derselbe menschliche Leib, in dem Jesus Christus, der Sohn Gottes und Erlöser, zu uns kam – endgültig ausgelöscht wird.

Nein, das Leben auf Erden ist die Zeit, in der die Samenkörner des auferweckten Leibes ausgesät werden. Der Apostel Paulus sagt: »Was gesät wird, ist verweslich, was auferweckt wird, unverweslich. Was gesät wird, ist armselig, was auferweckt wird, herrlich. Was gesät wird, ist schwach, was auferweckt wird, ist stark. Gesät wird ein irdischer Leib, auferweckt ein überirdischer Leib« (1. Korintherbrief 15,42ff).

Unser Glaube gibt uns die befreiende Gewissheit, dass nichts, was wir in unserem leibhaften Dasein tun, vergeblich getan ist, und er ruft uns auf, jeden einzelnen Augenblick als ein Samenkorn der Ewigkeit zu sehen und zu leben.

29. NOVEMBER

Leben und Weiterleben

IRDISCHER UND ÜBERIRDISCHER LEIB

Bei der Auferweckung werden wir einen überirdischen, geistlichen Leib haben. Unser irdischer, natürlicher Leib stammte von Adam, unser überirdischer, geistlicher Leib stammt von Christus. Er ist der zweite, der neue und letzte Adam, der uns einen neuen, unvergänglichen Leib gibt. So sagt Paulus: »Wie wir nach dem Bild des Irdischen (Adam) gestaltet wurden, so werden wir auch nach dem Bild des Himmlischen (Christus) gestaltet werden« (1. Korintherbrief 15,49).

Unser überirdischer geistlicher Leib ist ein Leib nach dem Urbild Christus. Jesus Christus ist gekommen, um in unserem vergänglichen Leib mit uns das Leben zu teilen, damit wir an seinem geistlichen Leib teilhaben. »Fleisch und Blut«, sagt Paulus, »können das Reich Gottes nicht erben« (1. Korintherbrief 15,50).

Jesus Christus ist gekommen, um unsere vergängliche Natur mit Unvergänglichkeit zu bekleiden und unsere Sterblichkeit mit Unsterblichkeit (vgl. 1. Korintherbrief 15,53). So ist es auch der Leib, in dem unser geistliches Leben in seiner ganzen Fülle sichtbar wird.

DEZEMBER

Gottes zeitlose Zeit

Als Jesus nach seiner Auferstehung den Jüngern erschien, gab er ihnen zu erkennen, dass er kein Geist sei, sondern derselbe, der ihr Lehrer und Freund gewesen war. Sie fürchteten sich nämlich und zweifelten, so dass der Herr zu ihnen sagte: »Seht meine Hände und meine Füße an: Ich bin es selbst. Fasst mich doch an, und begreift!« (Lukasevangelium 24,39). Dann fragte er, ob sie etwas zu essen hätten. Später – es war das dritte Mal –, als er einigen Jüngern, unter ihnen auch Simon Petrus, am See von Tiberias erschien, aß er mit ihnen und reichte ihnen Brot und Fisch (vgl. Lukasevangelium 24,42f; Johannesevangelium 21,12ff).

Jesus machte den Jüngern aber auch deutlich, dass er einen neuen, geistlichen Leib besaß, der den Gesetzen der Natur nicht mehr unterworfen war. Als die Jünger aus Furcht vor den Juden sich hinter verschlossenen Türen versammelt hatten, kam Jesus und trat in ihre Mitte (vgl. Johannesevangelium 20,19). Und als er mit ihnen essen wollte, wagte ihn keiner zu fragen: »Wer bist du?« Denn sie wussten, dass es Jesus war, ihr Herr und Meister. Zugleich aber wussten sie, dass er nicht mehr ihrer Welt angehörte (vgl. Johannesevangelium 21,12). Diese Erfahrung des auferstandenen Christus war es auch, die den Jüngern das Leben als Auferstandene, das sie erwartete, offenbarte.

Gibt es auch Erfahrungen in unserem Leben, die Fingerzeig auf das neue Leben, das uns verheißen ist, sein können?

1. DEZEMBER

Gottes zeitlose Zeit

DAS DILEMMA

Sehnen wir uns wirklich danach, auferstanden bei Christus zu sein? Es scheint, als warteten die meisten von uns nicht auf dieses neue Leben und unternehmen statt dessen, was nur möglich ist, um ihr vergängliches Leben zu verlängern. Je tiefer wir aber in das geistliche Leben hineinwachsen – in ein Leben inniger Verbundenheit mit dem auferstandenen Herrn –, desto mehr werden wir an das Verlangen rühren, durch das Tor des Todes in das ewige Leben mit Christus einzutreten. Es ist keine Todessehnsucht, vielmehr ein Verlangen nach der Erfüllung allen Verlangens.

Der Apostel Paulus hat dieses Verlangen tief empfunden. Er schreibt: »Für mich ist Christus das Leben und Sterben Gewinn .... Was soll ich wählen? Ich weiß es nicht. Es zieht mich nach beiden Seiten: Ich sehne mich danach, aufzubrechen und bei Christus zu sein – um wieviel besser wäre das! Aber euretwegen ist es notwendiger, dass ich am Leben bleibe« (Philipperbrief 1,21-24). Vor diesem Dilemma stehen wohl nur wenige von uns, es rührt aber an den Kern des geistlichen Ringens.

STERBEN, UM NEU GEBOREN ZU WERDEN

Es kommt eine Zeit im Leben, da wir uns auf den Tod vorbereiten müssen. Die Vorbereitung auf den Tod ist die wichtigste Aufgabe unseres Lebens, um so mehr, wenn wir glauben, dass der Tod nicht die vollständige Aufhebung unserer Identität ist, sondern der Weg zu ihrem vollen Offenbarwerden.

Werden wir älter, ernsthaft krank, oder schweben wir in großer Gefahr, können wir uns nicht mehr allein mit der Frage befassen, wie es uns wieder besser gehen kann, es sei denn, dass »besser gehen« als »einem Leben jenseits unseres Todes entgegengehen« verstanden wird. In unserer Kultur, die in verschiedenster Hinsicht als todesorientiert angesehen werden kann, finden wir wenig oder gar keine Hilfe, uns auf einen guten Tod vorzubereiten. Die meisten setzen voraus, dass unser einziges Verlangen darin besteht, solange wie möglich auf dieser Erde zu leben. Aber Sterben ist wie Gebären ein Weg zu neuem Leben, und wie es im Buch Kohelet heißt, »hat alles seine Stunde. Für jedes Geschehen unter dem Himmel gibt es eine bestimmte Zeit: eine Zeit zum Gebären und eine Zeit zum Sterben« (Kohelet 3,1f).

Wir müssen uns auf unseren Tod ebenso sorgfältig und umsichtig vorbereiten wie unsere Eltern auf unsere Geburt.

3. DEZEMBER

Gottes zeitlose Zeit

DAS EWIGE LEBEN IN UNS NÄHREN

Wenn wir glauben und wissen, dass Jesus Christus für uns gelitten hat, gestorben ist und auferweckt wurde, um unseren vergänglichen Leib mit Unvergänglichkeit zu bekleiden, muss dies bei uns das Verlangen wecken, mit ihm zu neuem, ewigem Leben geboren zu werden, und uns anspornen, Wege zu finden, uns darauf vorzubereiten.

Es ist unerlässlich, dem Leben des Geistes Jesu – das ewige Leben nämlich –, das schon in uns ist, regelmäßig Nahrung zu geben. Die Taufe gab uns dieses Leben, die Eucharistie erhält es, und unsere verschiedenen geistlichen Übungen wie Gebet, Meditation, geistliche Lektüre und geistliche Begleitung helfen uns, es zu vertiefen und zu festigen. Das Leben mit den Sakramenten und das Leben mit dem Wort Gottes werden uns mehr und mehr dafür bereit machen, unseren vergänglichen Leib loszulassen und das Kleid der Unvergänglichkeit zu empfangen. So wird der Tod nicht mehr der Feind sein, der allem ein Ende setzt, sondern der Freund, der uns an der Hand nimmt und uns in das Reich ewiger Liebe führt.

4. DEZEMBER

Gottes zeitlose Zeit

GEHEN LASSEN

Es ist eines der größten Geschenke, die wir unseren nächsten Angehörigen und engsten Freunden machen können, ihnen zu helfen, einen guten Tod zu sterben. Manchmal sind sie bereit, zu Gott zu gehen, während es uns sehr schwer fällt, sie gehen zu lassen. Dennoch kommt einmal der Augenblick, da wir denen, die wir lieben, es erlauben müssen, zu Gott zurückzukehren, von dem sie gekommen sind. Wir sollten dann bei ihnen bleiben, still sein und ihnen zu verstehen geben: »Hab keine Angst! Ich liebe dich, und Gott liebt dich ... Es ist Zeit, in Frieden zu gehen ... Ich will dich nicht länger festhalten ... Fühl dich frei, heimzugehen ... Geh unbeschwert, geh mit meiner Liebe!« Dies von Herzen zu sagen ist ein wahres Geschenk. Es ist das größte Geschenk, das Liebe geben kann.

Als Jesus starb, rief er laut: »Vater, in deine Hände lege ich meinen Geist« (Lukasevangelium 23,46). Es tröstet und stärkt, diese Worte mit unseren Angehörigen oder Freunden oft zu wiederholen. Mit diesen Worten auf unseren Lippen und in ihrem Herzen können sie den Übergang zum Vater antreten, wie ihn Jesus angetreten hat.

GOTTES ZEITLOSE ZEIT

Nach dem Tod gibt es kein »danach«. Zeitliche Bestimmungen wie »danach« und »davor« gehören zu unserem vergänglichen Leben, zu unserem Dasein in Zeit und Raum. Der Tod befreit uns von den Grenzen der Chronologie, der Dauer in messbarer Zeit, und führt uns hinein in Gottes »Zeit«, die sich nicht in Sekunden, Minuten, Stunden, Tage, Wochen, Monate und Jahre teilen lässt, die zeitlos ist. Spekulationen über das Leben danach sind deshalb kaum mehr als eben Spekulationen. Jenseits des Todes gibt es weder ein »zuerst« noch ein »später«, kein »hier« und »dort«, keine »Vergangenheit«, »Gegenwart« oder »Zukunft«. Gott ist alles in allem. Das Ende der Zeit, die Auferstehung von den Toten und die Wiederkunft Christi in Herrlichkeit sind für alle, die nicht mehr in der Zeit sind, nicht mehr zeitlich getrennt.

Für uns, die wir noch in der Zeit leben, kommt es darauf an, nicht so zu handeln, als ob das neue Leben in Christus etwas ist, das wir zu verstehen oder zu erklären vermögen. Gottes Herz und Sinn überschreiten das Maß unseres Begreifens. Alles, was von uns verlangt wird, ist Vertrauen.

Eines wissen wir von Gott mit Sicherheit: Er ist ein Gott des Lebens, nicht des Todes. Gott ist Leben, Gott ist Liebe, Gott ist Schönheit und Herrlichkeit, Gott ist Güte. Gott ist Wahrheit. Gott will nicht, dass wir sterben, er will, dass wir leben. Unser Gott, der uns von Ewigkeit her liebt, will uns Leben geben in Ewigkeit.

Als dieses Leben durch unsere Weigerung, zu Gottes Liebe uneingeschränkt ja zu sagen, unterbrochen war, sandte Gott seinen Sohn, damit er bei uns ist und dieses entscheidende Ja in unserem Namen sagt, das Ja, das uns wieder ewiges Leben gibt. Wir brauchen uns deshalb vor dem Tod nicht zu fürchten. Es wartet auf uns kein harter Boss, kein rachsüchtiger Feind oder grausamer Tyrann, der darauf erpicht ist, uns zu vernichten. Vielmehr erwartet uns ein liebender, immer vergebender Gott, der sich danach sehnt, uns daheim willkommen zu heißen.

7. DEZEMBER

Gottes zeitlose Zeit

VOLLENDUNG DER GANZEN SCHÖPFUNG

*U*nser endgültiges Heimkehren bezieht sich nicht nur auf uns selbst und alle Mitmenschen, sondern schließt auch die ganze Schöpfung ein. Die vollkommene Freiheit der Kinder Gottes wird von der ganzen Erde geteilt, und unsere vollständige Erneuerung in der Auferstehung bezieht auch das Erneuertsein des Universums mit ein.

Der heilige Paulus betrachtet die geschaffene Ordnung als eine Frau, die in Geburtswehen liegt und sehnsüchtig darauf wartet, neues Leben zu gebären. Er schreibt an die Christen in Rom: »Die Schöpfung ist der Vergänglichkeit unterworfen, nicht aus eigenem Willen, sondern durch den, der sie unterworfen hat; aber zugleich gab er ihr Hoffnung. Auch die Schöpfung soll von der Sklaverei und Verlorenheit befreit werden zur Freiheit und Herrlichkeit der Kinder Gottes« (Römerbrief 8,20f).

Alles, was Gott erschaffen hat, wird in Gottes Herrlichkeit erhöht werden.

8. DEZEMBER

Gottes zeitlose Zeit

SCHWESTERN UND BRÜDER DER NATUR

Betrachten wir die Meere und Berge, die Wälder und Wüsten, die Bäume, Pflanzen und Tiere, die Sonne, den Mond, die Sterne, den ganzen Kosmos als Gottes Schöpfung, die sehnsüchtig darauf wartet, »zur Freiheit der Kinder Gottes befreit zu werden« (Römerbrief 8,21), kann uns über Gottes Majestät und seinen allumfassenden Erlösungsplan nur Ehrfurcht und Staunen erfassen. Nicht allein wir Menschen warten inmitten unseres Leids auf Erlösung, die ganze Schöpfung seufzt und stöhnt mit uns und verlangt danach, ihre volle Freiheit zu erlangen.

Dadurch sind wir nicht nur Brüder und Schwestern aller Männer und Frauen der Welt, sondern auch all dessen, was uns umgibt. Ja, wir müssen die Felder und Wiesen, die schneebedeckten Berge, das tosende Meer, die wilden und die zahmen Tiere, die riesigen Mammutbäume und die kleinen Gänseblümchen lieben. Alles in der Schöpfung gehört mit uns zur großen Familie Gottes.

9. DEZEMBER

Gottes zeitlose Zeit

DER GROSSE FRIEDE

Alles, was geschaffen ist, ist in den Armen seines Schöpfers vereint. Gott ist der Herr, Licht und Leben aller Wirklichkeit. In einer endzeitlichen Vision werden nicht nur alle Männer und Frauen erkennen, dass sie Brüder und Schwestern sind und dazu berufen, in Einheit zu leben, sondern auch alle Teile des Schöpfungswerkes Gottes werden in vollkommener Eintracht vereint sein.

Die Propheten des Alten Testaments sprechen dabei vor allem vom großen Frieden – Schalom – der Menschen und der Natur im Angesicht Gottes. Jesus Christus, der Sohn Gottes, wurde Mensch, um diese Vision zu verwirklichen.

Jahrhunderte vor Christi Geburt sah und beschrieb der Prophet Jesaja dieses Reich:

Denn dann wohnt der Wolf beim Lamm,
der Panther liegt beim Böcklein.
Kalb und Löwe weiden zusammen,
ein kleiner Knabe kann sie hüten.
Kuh und Bärin freunden sich an,
ihre Jungen liegen beieinander.
Der Löwe frißt Stroh wie das Rind.
Der Säugling spielt vor dem Schlupfloch der Natter,
das Kind streckt seine Hand in die Höhle der Schlange.

Man tut nichts Böses mehr
und begeht kein Verbrechen
auf meinem ganzen heiligen Berg;
denn das Land ist erfüllt von der Erkenntnis des Herrn,
so wie das Meer mit Wasser gefüllt ist (Jesaja 11,6-9).

Diese Vision muss mit Leben erfüllt werden.

EIN NEUER HIMMEL UND EINE NEUE ERDE

Mehr als sieben Jahrhunderte vor Christi Geburt kündigte der Prophet Jesaja aufgrund einer Vision das Anbrechen des großen, einheitstiftenden messianischen Erlösungswerkes Christi an und das bevorstehende Offenbarwerden der Macht Gottes. Jahrzehnte nach Jesu Tod hatte Johannes, der Verfasser des Buches der Offenbarung, eine andere, aber ähnliche Vision vom bevorstehenden Triumph der Herrschaft Gottes. Er sah einen neuen Himmel und eine neue Erde, nachdem der erste Himmel und die erste Erde vergangen waren. Die ganze Schöpfung war umgewandelt und mit Unvergänglichkeit bekleidet, um die schön geschmückte, makellose Braut Christi zu sein.

In der Vision des Johannes spricht Christus mit lauter Stimme vom Thron herab: »Seht, ich mache alles neu. Seht, die Wohnung Gottes unter den Menschen! Er wird in ihrer Mitte wohnen, und sie werden sein Volk sein; und er, Gott, wird bei ihnen sein. Er wird alle Tränen von ihren Augen abwischen: Der Tod wird nicht mehr sein, keine Trauer, keine Klage, keine Mühsal. Denn was früher war, ist vergangen« (Offenbarung 21,5.3f).

Der Prophet Jesaja und der Seher Johannes öffnen uns die Augen für das all-umfassende Erlösungswerk Christi.

DIE KRAFT DER VISION

Sind die großen Visionen vom ewigen Frieden unter allen Völkern und der ewigen, göttlichen Harmonie der ganzen Schöpfung nur utopische Märchen? Nein, durchaus nicht! Sie entsprechen dem tiefsten Verlangen des menschlichen Herzens und weisen auf die Wahrheit hin, die darauf wartet, jenseits allen Lugs und Trugs offenbart zu werden. Diese Visionen nähren unser geistliches Verlangen und stärken unser Herz. Sie geben uns Hoffnung, wenn wir verzweifeln möchten, ermutigen uns, wenn wir versucht sind, unser Leben aufzugeben, und geben uns Vertrauen, wenn misstrauen die vernünftigere Haltung zu sein scheint.

Ohne diese Visionen verkümmert unser tiefstes Streben, das uns die Kraft gibt, Schwierigkeiten zu überwinden und schmerzliche Niederlagen zu ertragen; ohne sie wird unser Leben schal, langweilig und schließlich destruktiv. Unsere Visionen befähigen uns, das Leben in seiner Fülle zu leben.

12. DEZEMBER

Gottes zeitlose Zeit

DIE VISION VERWIRKLICHEN

Die großartige Vision vom Reich des großen, ewigen Friedens, in dem alle Gewalt überwunden und alle Menschen – Männer, Frauen und Kinder – in Frieden und liebender Einheit mit der Natur zusammenleben, ruft uns auf, dieses Reich schon in unserem täglichen Leben zu verwirklichen. Sie fordert uns heraus, statt wirklichkeitsfern in den Tag hineinzuträumen, all das schon vorwegzunehmen, was sie verheißt. Jedesmal, wenn wir unserem Nächsten vergeben, jedesmal, wenn wir ein Kind zum Lächeln bringen, jedesmal, wenn wir einem Leidenden Mit-Leid erweisen, jedesmal, wenn wir einen Blumenstrauß binden, ein Tier schützen, Verschmutzung vermeiden, unser Haus schmücken und unseren Garten pflegen, uns für Frieden und Gerechtigkeit unter den Menschen und Völkern einsetzen, lassen wir diese Vision ein Stückchen Wirklichkeit werden.

Wir müssen diese Vision einander ständig vor Augen halten. Wann immer sie in uns lebendig wird, werden wir neue Energie finden, ihr dort Geltung zu verschaffen, wo wir gerade sind. Nicht, dass diese Vision uns dem wirklichen Leben entzieht, sie bezieht uns vielmehr ganz und gar in das Leben ein.

13. DEZEMBER

Gottes zeitlose Zeit

HIMMEL UND HÖLLE

Können wir davon ausgehen, dass es schließlich für jeden ein gutes Ende geben wird? Werden einmal alle Menschen vom Elend befreit und ihre Bedürfnisse erfüllt sein? Ja und nein! Ja, weil Gott uns in sein Reich heimholen möchte. Nein, weil nichts geschieht, ohne dass wir uns dafür entscheiden. Die Verwirklichung des Reiches Gottes ist Gottes Werk. Um aber Gottes Liebe in uns voll Ausdruck zu verleihen, müssen wir seine Liebe mit unserer Liebe erwidern.

Es gibt zwei Arten von Tod: einen Tod, der uns in das Reich Gottes führt, und einen Tod, der in die Hölle führt. Johannes schaute in seiner Vision nicht nur den Himmel, sondern auch die Hölle: »Aber die Feiglinge und Treulosen, die Befleckten, die Mörder und Unzüchtigen, die Zauberer, Götzendiener und alle Lügner – ihr Los wird der See von brennendem Schwefel sein. Dies ist der zweite Tod« (Offenbarung 21,8). Wir müssen uns für Gott entscheiden, wenn wir bei Gott sein wollen.

14. DEZEMBER

Gottes zeitlose Zeit

DIE GUTE NACHRICHT VON DER HÖLLE

Gibt es eine Hölle? Die Begriffe Himmel und Hölle hängen mit den Begriffen gut und böse eng zusammen. Wenn wir die Freiheit haben, das Gute zu tun, steht es uns auch frei, das Böse zu tun. Wenn wir zur Liebe Gottes ja sagen können, besteht auch die Möglichkeit, zu ihr nein zu sagen. Und wenn es einen Himmel gibt, muss es auch eine Hölle geben.

All diese unterscheidenden Folgerungen wurden aufgestellt, um jenes Geheimnis zu hüten, dass Gott von uns in Freiheit geliebt sein will. In diesem Sinn ist die Vorstellung von einer Hölle – so seltsam es klingen mag – eine gute Nachricht. Menschen sind keine Roboter oder Automaten ohne freie Wahl; deshalb enden sie nicht zwangsläufig – egal, was sie im Leben getan haben – in der Herrlichkeit Gottes. Nein, Gottes Liebe zu uns ist so groß, dass er diese Liebe von uns erwidert haben möchte. Und Liebe lässt sich nicht erzwingen, sie ist ein freies Geschenk.

Die Hölle ist die bittere Frucht eines endgültigen Neins zu Gott und bedeutet die Erfahrung und den Schmerz letzter Sinnlosigkeit wie auch die Verzweiflung über das endgültige Verlorensein des Menschen.

15. DEZEMBER

Gottes zeitlose Zeit

DIE FREIHEIT, LIEBE ZU VERWEIGERN

Die Hölle wird oft als ein Ort der Strafe und der Himmel als ein Ort der Belohnung dargestellt. Solch ein Verständnis verleitet aber dazu, Gott für einen Polizisten zu halten, der uns festnimmt, wenn wir ein Vergehen begangen haben, und uns ins Gefängnis steckt, wenn unsere Vergehen zu schwerwiegend geworden sind; es lässt auch an Gott als eine Art Nikolaus denken, der unsere guten Taten aufschreibt und uns am Ende des Jahres eine Belohnung überreicht.

Gott ist aber weder Polizist noch Nikolaus. Gott nimmt uns nicht in den Himmel auf und schickt uns nicht in die Hölle, je nachdem, ob wir gefolgt haben oder ungehorsam waren. Gott ist Liebe und nur Liebe. Bei Gott gibt es keinen Hass, keine Vergeltungssucht oder Lust, uns bestraft zu sehen. Gott will vergeben, heilen, wiederherstellen, uns unablässig sein Erbarmen erweisen und uns heimkehren sehen. Doch wie im Gleichnis von der Vatergüte Gottes der Vater den widerspenstigen Sohn selbst entscheiden lässt, gibt uns Gott die Freiheit, sich von seiner Liebe zu entfernen und das Risiko einzugehen, sich selbst zugrunde zu richten. Die Hölle ist keine Entscheidung Gottes, sie ist unsere Entscheidung. Das Wesen der Hölle ist selbstverschuldeter endgültiger Ausschluss aus der Gemeinschaft mit Gott.

16. DEZEMBER

Gottes zeitlose Zeit

EIN ZWEITER TOD

Die Hölle ist ein zweiter Tod, wie es im Buch der Offenbarung des Johannes heißt (vgl. Offenbarung 21,8). Ebenso wie es ein ewiges Leben gibt, gibt es einen ewigen Tod. Das ewige Leben ist ein neues, ein zweites Leben, der ewige Tod ein endgültiges Verlorensein, ein zweiter Tod. Unser erster Tod kann nicht nur ein Übergang zu ewigem Leben, sondern auch zu ewigem Tod sein.

Betrachten wir die Hölle als einen zweiten Tod, so treten die Bilder von ewiger Qual und Pein, die in der mittelalterlichen Kunst und Literatur einen großen Platz einnehmen, in den Hintergrund. Vielmehr wird die Hölle mehr als Weigerung verstanden, das Leben zu wählen, und weniger als Bestrafung für getanes Unrecht. Tatsächlich stellen die Sünden, die im Buch der Offenbarung angeführt werden und zum ewigen Tod führen, Entscheidungen zum Tod, eigene Todesurteile dar: Morden, Götzendienst, Unzucht, Lüge und so fort (vgl. Offenbarung 21,8).

Wenn wir Tod säen, werden wir Tod ernten. Säen wir aber Leben, werden wir Leben ernten. Wir selbst sind es, die säen.

17. DEZEMBER

Gottes zeitlose Zeit

DIE FÜLLE DER ZEIT

Jesus Christus kam in der Fülle der Zeit. Er wird in der Fülle der Zeit wiederkommen. »Fülle der Zeit« oder »die Zeit ist erfüllt« (Markusevangelium 1,15) bedeutet in neutestamentlichem Sinn: Die Zeit hat ihr Vollmaß erreicht, kommt zum Abschluss in Jesu Ankunft. Die Zeit der Vorbereitung und Erwartung ist mit seinem Kommen erfüllt: Das Reich Gottes ist da.

Oft erfahren wir unsere Zeit als unerfüllt und leer. Wir hoffen, dass morgen, nächste Woche, nächsten Monat oder nächstes Jahr das eigentlich Wesentliche geschehen wird. Aber manchmal *erfahren* wir die Fülle der Zeit, zum Beispiel dann, wenn die Zeit still zu stehen scheint, Vergangenheit, Gegenwart und Zukunft ineinanderfließen, alles in diesem Augenblick und an diesem Ort gegenwärtig ist, und Gott, wir und alles, was ist, zu einer vollkommenen Einheit werden. Es ist die Erfahrung der Zeit Gottes.

»Als die Zeit erfüllt war, sandte Gott seinen Sohn, geboren von einer Frau« (Galaterbrief 4,4). Und in der Fülle der Zeit wird Gott »in Christus alles vereinen, alles, was im Himmel und auf Erden ist« (Epheserbrief 1,10). So ist die Fülle der Zeit die Zeit, in der wir Gott begegnen.

DIE GIPFELERFAHRUNG

*E*s gibt Augenblicke, in denen wir spüren, dass unser Inneres mit allem, was um uns ist, in Einklang steht und eine vollkommene Einheit bildet. Zu solch einer Erfahrung können die verschiedensten Umstände beitragen: ein überwältigender Ausblick vom Gipfel eines hohen Berges, das Erleben der Geburt eines Kindes oder das Sterben eines Freundes, ein vertrautes, Einsicht vermittelndes Gespräch oder ein gemeinsames Mahl im Kreis der Familie, doch auch die andächtige Mitfeier eines Gottesdienstes oder das Versunkensein in Stille und Gebet. Doch wo und wie dies im einzelnen geschieht, immer sagen wir uns dabei: »Das ist es ... Alles ist im Einklang ... Was ich jemals erhoffte, ist da.«

Es ist dieselbe Erfahrung, die Petrus, Jakobus und Johannes auf dem Gipfel des Berges Tabor gemacht haben, als sie sahen, wie sich »das Aussehen des Gesichts« Jesu veränderte und sein Gewand leuchtend weiß wurde. Sie wollten, dass dieser Augenblick verweilen, nie vergehen möge (vgl. Lukasevangelium 9,28-36). Es ist die Erfahrung der Fülle der Zeit.

Diese Augenblicke werden uns geschenkt, damit wir uns in Zeiten der Gottesferne, da alles sinnlos und vergeblich erscheint, an sie erinnern. Diese Erfahrungen sind wahre Augenblicke der Gnade.

GOTT FÜR ANDERE SEHEN

Die Erfahrung der Fülle der Zeit, in der Gott so gegenwärtig, so wirklich und so greifbar nahe ist, dass wir es kaum glauben können, wenn ein anderer Mensch Gott nicht ebenso sieht wie wir, diese Erfahrung wird uns gewährt, um unser Leben des Gebets zu vertiefen und unser Leben für den Glauben zu stärken. Haben wir einmal Gott in der Fülle der Zeit erfahren, lässt uns das Verlangen, bei Gott zu sein und anderen den Gott zu verkünden, den wir erfahren haben, das ganze Leben nicht mehr los.

Petrus bezieht sich auf seine Erfahrung am Berg Tabor Jahre nach Jesu Tod und hebt sie als den Ursprung seines Zeugnisses hervor. Er sagt: »Wir sind nicht irgendwelchen klug ausgedachten Geschichten gefolgt, als wir euch die machtvolle Ankunft Jesu Christi, unseres Herrn, verkündeten, sondern wir waren Augenzeugen seiner Macht und Größe..., als wir mit ihm auf dem heiligen Berg waren« (2. Petrusbrief 1,16ff). Gott sehen in Augenblicken größter Nähe und Innigkeit heißt: Gott für andere sehen.

EINE ERFAHRUNG FÜR ALLE

Manche mögen sagen: »Ich habe noch nie eine ›Fülle der Zeit‹ erfahren. Ich bin ein ganz normaler Mensch und kein Mystiker.« Obgleich manche Menschen einmalige Erfahrungen der Gegenwart Gottes gemacht und deshalb auch einmalige Sendungen haben, Gottes Gegenwart der Welt mitzuteilen, kann jeder von uns – ob reich oder arm, gebildet oder ungebildet, sichtbar oder verborgen – die Gnade empfangen, Gott zu sehen in der Fülle der Zeit. Diese mystische Erfahrung bleibt nicht bloß ein paar wenigen Auserwählten vorbehalten. Gott möchte diese Gabe allen Kindern Gottes auf diese oder jene Weise zukommen lassen.

Wir müssen aber danach verlangen, müssen wahrnehmungsfähig und innerlich wach sein. Manchen wird die Erfahrung der Fülle der Zeit in spektakulärer Weise zuteil, wie dem heiligen Paulus, als er auf dem Weg nach Damaskus zu Boden fiel (vgl. Apostelgeschichte 9,3f). Manch einer von uns erfuhr sie dagegen wie ein Wehen oder ein sanftes leises Säuseln (vgl. 1 Könige 19,12f). Gott liebt uns alle und möchte dies jedem einzelnen auf ganz persönliche Weise kundtun.

LICHT IN DER FINSTERNIS

Wir wandern »in finsterer Schlucht« (Psalm 23,4) und brauchen dennoch kein Unheil zu fürchten, denn Gott ist bei uns: Gottes Stock und Stab geben uns Zuversicht (vgl. ebd.). Dieses Psalmwort vermittelt uns nicht bloß einen tröstlichen Gedanken, sondern eine Erfahrung des Herzens, der wir vertrauen dürfen.

Unser Leben ist reich an Leiden, Mühen, Sorgen und Enttäuschungen; doch treten darin auch Visionen der Ankunft des Menschensohnes hervor, die sein wird »wie der Blitz, der bis zum Westen hin leuchtet, wenn er im Osten aufflammt« (Matthäusevangelium 24,27). Diese Augenblicke, in denen wir klar sehen, laut vernehmen und tief empfinden, dass Gott auf unseren Wegen bei uns ist, sind uns Licht in der Finsternis. Jesus sagt: »Ihr seid das Licht der Welt... Euer Licht soll vor den Menschen leuchten, damit sie eure guten Werke sehen und euren Vater im Himmel preise« (Matthäusevangelium 5,14.16).

DAS HERZ JESU

Jesus ist das schutzbedürftige, hilflose Kind, der demütige Prediger, der verachtete, verschmähte und gekreuzigte Christus. Zugleich aber ist Jesus das »Ebenbild des unsichtbaren Gottes, der Erstgeborene der ganzen Schöpfung ... der vor aller Schöpfung ist (und) in (dem) alles Bestand hat« (Kolosserbrief 1,15.17). Jesus ist der König, der am Kreuz verspottet wurde und von seinem Thron herab im himmlischen Jerusalem regiert. Er ist der Herr, der auf einer Eselin in die Stadt einzieht; er ist das Alpha und das Omega, der Anfang und das Ende. Er wurde von der Welt verstoßen, von Gott aber gesegnet.

Schauen wir stets auf Jesus, denn in seinem durchbohrten und verherrlichten Herzen werden wir erkennen, dass wir berufen sind, an seinem Leiden und an seiner Herrlichkeit teilzuhaben.

AN CHRISTUS FESTHALTEN

Das Leben ist nicht vorhersehbar. An einem Tag können wir froh sein, am nächsten traurig, an einem Tag gesund, am nächsten krank, an einem Tag reich, am nächsten arm, an einem Tag am Leben, am nächsten schon tot. Wer ist also der, an den wir uns halten können? Wer ist also der, bei dem wir uns sicher fühlen können? Wer ist also der, dem wir zu jeder Zeit vertrauen dürfen?

Jesus Christus allein ist es. Er ist unser Herr, unser Hirt, unser Fels, unsere feste Burg, unsere Zuflucht, unser Bruder, unser Begleiter und unser Freund. Er kam von Gott, um bei uns zu sein. Er starb für uns, wurde von den Toten auferweckt, um uns den Weg zu Gott zu öffnen, und er sitzt zur Rechten Gottes, um uns im Hause des Vaters zu empfangen.

Mit dem heiligen Paulus dürfen wir überzeugt sein, dass »weder Tod noch Leben, weder Engel noch Mächte, weder Gegenwärtiges noch Zukünftiges, weder Gewalten der Höhe oder Tiefe noch irgendeine andere Kreatur uns scheiden können von der Liebe Gottes, die in Christus Jesus ist, unserem Herrn« (Römerbrief 8,38f).

DIE AUFGABE DER VERSÖHNUNG

Welche Aufgabe haben wir als Kinder Gottes und Brüder und Schwestern Jesu in der Welt? Wir haben die Aufgabe der Versöhnung. Überall begegnen uns Trennung und Spaltung: in Familien, Gemeinschaften, Städten, Ländern und Kontinenten. Diese vielen Trennungen sind tragische Auswirkungen unserer Trennung von Gott. Selten finden wir die Wahrheit bestätigt, dass alle Menschen Glieder der großen Menschheitsfamilie Gottes sind. Es ist unsere heilige Aufgabe, dieser Wahrheit in der Wirklichkeit des täglichen Lebens Ausdruck zu geben.

Warum ist es unsere Aufgabe? Weil Gott uns Christus gesandt hat, um uns mit sich zu versöhnen, und uns die Aufgabe der Versöhnung der Menschen miteinander übertragen hat. Als durch Christus mit Gott versöhnte Menschen ist uns »der Dienst der Versöhnung« aufgetragen (vgl. 2. Korintherbrief 5,18).

Fragen wir uns deshalb bei allem, was wir tun: Trage ich damit zur Versöhnung der Menschen bei?

VERSÖHNT

Was können wir für die Versöhnung tun? Zuerst und vor allem dies: selbst daran festhalten, dass Gott uns durch Christus mit sich versöhnt hat. Dies aber nur mit unserem Verstand zu glauben, genügt nicht. Vielmehr müssen wir uns von der Wahrheit dieser Versöhnung ganz und gar durchdringen lassen. Solange wir nicht voll und ganz davon überzeugt sind, dass wir mit Gott versöhnt wurden, dass uns vergeben wurde, dass wir ein neues Herz, einen neuen Geist, neue Augen, um zu sehen, und neue Ohren, um zu hören, empfangen haben, stiften wir weiterhin Spaltung unter den Menschen, weil wir von ihnen eine heilende Kraft erwarten, die sie nicht besitzen.

Nur wenn wir uneingeschränkt darauf vertrauen, dass wir Gott gehören und in unserer Beziehung zu Gott alles finden, was unser Verstand, unser Herz und unsere Seele brauchen, können wir in dieser Welt wirklich frei und Diener der Versöhnung sein. Es ist nicht einfach, denn allzuleicht fallen wir in Selbstzweifel und Selbstablehnung zurück. Wir müssen ständig daran erinnert werden, dass wir wirklich versöhnt sind: durch das Wort Gottes, den Empfang der Sakramente und durch die Liebe zu unseren Nächsten.

26. DEZEMBER

Gottes zeitlose Zeit

VERSÖHNUNG STIFTEN

Wenn wir uns die Wahrheit zu eigen machen, dass Christus uns mit Gott versöhnt hat, können auch wir selbst Boten der Versöhnung für andere sein. Wesentlich für das Werk der Versöhnung ist, bei den Menschen zu sein, ohne zu richten. Wir sind nicht in die Welt gesandt, um zu verurteilen oder zu beurteilen, zu klassifizieren oder Menschen in Schubladen einzuordnen. Verhalten wir uns so, als hätten wir uns bloß Meinungen über Menschen zu bilden und ihnen zu sagen, was sie alles falsch machen und worin sie sich zu ändern hätten, werden wir nur noch mehr Spaltung stiften. Jesus sagt klar und deutlich: »Seid barmherzig, wie es auch euer Vater ist! Richtet nicht ... verurteilt nicht ... erlasst einander die Schuld« (Lukasevangelium 6,36f).

In einer Welt, die uns ständig auffordert, unsere Meinung über andere zu äußern, erscheint es fast unmöglich, unter den Menschen zu sein, ohne richten zu müssen. Doch sich nicht mehr gezwungen zu fühlen zu richten, ist eine der kostbarsten Früchte eines bewussten geistlichen Lebens. Diese Frucht wird von denen erkannt werden, die nach Versöhnung verlangen.

27. DEZEMBER

Gottes zeitlose Zeit

EIN SICHERER ORT FÜR ANDERE SEIN

Haben wir uns von dem Zwang befreit, über andere zu richten oder andere zu verurteilen, können wir zu einem sicheren Ort werden, an dem Menschen sich begegnen können, ohne einander zu kränken und zu verletzen und zwischeneinander Trennwände zu errichten. Als Glaubende, die in der Liebe Gottes verwurzelt sind, können wir Menschen nicht zu lieben helfen, sie aber einladen, einander zu lieben. Wenn die Menschen merken, dass wir nicht auf eine Anweisung hin oder in versteckter Absicht zu ihnen kommen, dass wir für uns keinen Vorteil zu gewinnen suchen, sondern uns nur der Friede und die Versöhnung am Herzen liegen, werden sie die innere Freiheit und den Mut finden, ihre Waffen der Selbstverteidigung abzulegen und in ein Gespräch mit ihrem Gegner zu treten.

Es gelingt immer wieder, ohne dass wir es geplant haben. Unser Dienst der Versöhnung hat meist dann den größten Erfolg, wenn wir uns dieses Dienstes am wenigsten bewusst sind und einfach da sind, ohne zu richten.

28. DEZEMBER

Gottes zeitlose Zeit

EIN LEBENSLANGER DIENST

Versöhnung ist kein einmaliges Geschehen, bei dem ein Konflikt gelöst und Friede gestiftet wird. Ein Dienst der Versöhnung reicht über die Suche nach einer Lösung, das Bedenken des Vorschlags und die Verständigung zum Frieden weit hinaus. Es gibt keinen Augenblick in unserem Leben, in dem nicht die Notwendigkeit zur Versöhnung besteht. Wenn wir in uns zu schauen wagen und einen Blick auf die Myriaden feindseliger Gefühle und Gedanken in unserem Herzen und in unserem Sinn werfen, werden wir bald die vielen kleinen und großen Kriege erkennen, in die wir verwickelt sind.

Unser Gegner, unser Feind können ein Elternteil sein, ein Kind, ein »freundlicher« Nachbar, Menschen mit anderen Lebensgewohnheiten, Leute, die nicht so denken, sprechen oder handeln wie wir. Sie alle können zu denjenigen gehören, von denen wir nur mit »ach, die!« sprechen. Genau an dieser Stelle ist Versöhnung notwendig.

Versöhnung rührt an die verborgensten Winkel unseres inneren Lebens. Gott schenke uns Versöhnung als einen nie endenden Dienst!

VERHEILEN LASSEN

*E*s fällt sehr schwer, alte Wunden verheilen zu lassen. Oft sagen oder denken wir uns zumindest: »Was du mir und meinen Angehörigen oder meinem besten Freund angetan hast, kann ich nie vergessen und dir nie verzeihen ... Eines Tages wirst du dafür büßen müssen!« Manchmal reicht unsere Erinnerung Jahre und Jahrzehnte zurück und verlangt Vergeltung.

Jemandem Fehler und Verschulden vorzuhalten baut oft eine unüberwindliche Mauer auf. Hören wir aber, was Paulus sagt: »Wenn also jemand in Christus ist, dann ist er eine neue Schöpfung: Das Alte ist vergangen, Neues ist geworden. Aber das alles kommt von Gott« (2. Korintherbrief 5,17f).

Wir können tatsächlich keine alten Wunden verheilen lassen, Gott aber kann es. Und wieder sagt Paulus: »Ja, Gott war es, der in Christus die Welt mit sich versöhnt hat, indem er den Menschen ihre Verfehlungen nicht anrechnete« (2. Korintherbrief 5,19). Es ist Gottes Werk, aber wir sind seine Diener, weil derselbe Gott, der die Welt mit sich versöhnt hat, uns »das Wort der Versöhnung« (ebd. 5,19) anvertraut hat.

Dieses Wort ruft uns dazu auf, alte Wunden im Namen Gottes verheilen zu lassen. Es ist das Wort, das unsere Welt am dringendsten braucht.

30. DEZEMBER

Gottes zeitlose Zeit

GOTTES VORSTELLUNG

Wir verwenden viel Energie, Zeit und Geld darauf, Abstand voneinander zu halten. Ein großer, wenn nicht gar der größte Teil der Ressourcen der Welt wird benutzt, damit einer sich gegen den andern verteidigen, jeder seine Schlagkraft erhalten oder möglichst steigern und eine vorteilhafte Position erringen kann.

Stellen wir uns aber einmal vor, diese ungeheuren Anstrengungen würden in den Dienst des Friedens und der Versöhnung gestellt! Gäbe es da noch Armut, Verbrechen, Kriege? Stellen wir uns doch einmal vor, es gäbe keine Angst mehr unter den Menschen, keine Rivalitäten, kein Konkurrenzdenken, keine Feindschaft, Verbitterung oder Vergeltungssucht. Stellen wir uns doch einmal vor, alle Menschen dieser Erde nähmen einander an der Hand und bildeten einen großen Kreis der Liebe!

Vielleicht halten wir dem entgegen: »So etwas ist unvorstellbar!« Gott aber sagt: »Genau das stelle ich mir vor: die ganze Welt, die nicht nur nach meinem Bild geschaffen ist, sondern auch nach ihm lebt.«

31. DEZEMBER

Gottes zeitlose Zeit

AUSKLANG

Aufgrund des Reichtums seiner Herrlichkeit
(möge der Vater) euch schenken,
dass ihr in eurem Innern durch seinen Geist
an Kraft und Stärke zunehmt.
Durch den Glauben wohne Christus in eurem Herzen.
In der Liebe verwurzelt und auf sie gegründet,
sollt ihr zusammen mit allen Heiligen dazu fähig sein,
die Länge und Breite, die Höhe und Tiefe zu ermessen
und die Liebe Christi zu verstehen,
die alle Erkenntnis übersteigt.
So werdet ihr mehr und mehr von der ganzen
Fülle Gottes erfüllt.
Er aber, der durch die Macht, die in uns wirkt,
unendlich viel mehr tun kann,
als wir erbitten oder uns ausdenken können,
er werde verherrlicht durch die Kirche
und durch Christus Jesus in allen Generationen,
für ewige Zeiten. Amen.

Epheserbrief 3,16-21

WEITERE BÜCHER VON HENRI J.M. NOUWEN BEI HERDER

Das letzte Tagebuch

2000, 352 Seiten, geb. mit Schutzumschlag

ISBN 3-451-26111-1

Du bist der geliebte Mensch

Religiös leben in einer säkularen Welt

10. Aufl. 2000, 128 Seiten, geb. mit Schutzumschlag

ISBN 3-451-22964-1

Nachts bricht der Tag an

Tagebuch eines geistlichen Lebens

4. Aufl. 1999, 272 Seiten, Kartoniert

ISBN 3-451-21443-1

Was mir am Herzen liegt

Meditationen

5. Aufl. 2000, 144 Seiten, geb. mit Schutzumschlag

ISBN 3-451-23607-9

Ich hörte auf die Stille

Sieben Monate im Trappistenkloster

18. Aufl. 1999, 208 Seiten, Kartoniert

ISBN 3-451-18023-5

Nimm sein Bild in dein Herz

Geistliche Deutung eines Gemäldes von Rembrandt

10. Aufl. 2000, 172 Seiten, geb. mit Schutzumschlag

ISBN 3-451-22404-6

Bilder göttlichen Lebens

Ikonen schauen und beten

2. Aufl. 1991, 92 Seiten, Pappband

ISBN 3-451-20752-4

Die innere Stimme der Liebe

Aus der Tiefe der Angst zu neuem Vertrauen

5. Aufl. 1999, 128 Seiten, geb. mit Schutzumschlag

ISBN 3-451-26249-5

Adam und ich

Eine ungewöhnliche Freundschaft

1998, 144 Seiten, geb. mit Schutzumschlag

ISBN 3-451-26633-4

Mit offenen Händen

Unser Leben als Gebet

1996, 108 Seiten, geb. mit Schutzumschlag

ISBN 3-451-23782-2

Der Kelch unseres Lebens

Ganzheitlich Mensch sein

2. Aufl. 1998, 128 Seiten, geb. mit Schutzumschlag

ISBN 3-451-26427-7

Seelsorge, die aus dem Herzen kommt

10. Aufl. 2000, 80 Seiten, Kartoniert

ISBN 3-451-21442-3

Gebete aus der Stille

Den Weg der Hoffnung gehen

Herderbücherei Band 1668

4. Aufl. 1998, 96 Seiten, Kartoniert

ISBN 3-451-08668-9

Weihnachten mit Henri Nouwen

Texte für alle Tage der Advents- und Weihnachtszeit

2000, 96 Seiten, Halbleinen

ISBN 3-451-27324-1

HERDER